Stadtgründungs-Archäologie — 14

Die bayerischen Beispiele der Gründungsstadt gehören weit überwiegend der zweiten großen Gründungswelle des 13. Jhs. an und folgen nicht zuletzt wegen der homogenen territorialen Entwicklung einem einheitlichen Muster. In der archäologischen Forschung dominiert heute aber das Bild eines polyzentrischen Ursprungs der Stadt, deren ältere Kerne unter herrschaftlichem Zugriff (z. B. Herzog, Bischof, Graf, aber auch Klöster) überprägt wurden. Dabei war es aus archäologischer Sicht eher unerheblich, wer Stadtherr war und ob die älteren Kerne eine bis in karolingische oder gar vorkarolingische Zeit zurückreichende Wurzel besaßen.

Landshut – frühe Stadterweiterungen — 22

Landshut wurde im Jahr 1204 durch den Wittelsbacher Herzog Ludwig (»der Kelheimer«) gegründet und entwickelte sich rasch zu einem der Zentralorte der Herrschaft in Altbayern. Archäologische Befunde ergeben ein differenziertes Bild der frühen Stadterweiterung. So deuten zahlreiche Belege von zweischaligem Mauerwerk, gefüllt mit großen Isarkieseln, auf eine Vergrößerung der Stadt bereits im 13. Jh. Demnach ist Landshut nach der Stadtgründung noch schneller gewachsen als bisher vermutet und war trotz des dauerfeuchten Untergrunds – den man versuchte trocken zu legen – so attraktiv, dass dieser nicht abschreckte.

Straubing: »Im Jahr des Herrn 1218« — 33

Im Jahr 1218 gründete Herzog Ludwig I. (1183–1231) – welcher später in Kelheim ermordet werden sollte – die »neue Stadt« Straubing. Aber nicht auf dem Gebiet des alten »Strupinga«, dieser Siedlung mit bedeutender keltischer, römischer und frühbairischer Vergangenheit, der ein bajuwarischer Stammesführer mit »strubbeligen« Haaren seinen Namen *Strupo* hinterlassen hatte, sondern die »Neustadt« von Straubing entstand etwa einen Kilometer weiter westlich auf einer hochwassersicheren Plattform über der Donauniederung, von der man eine bessere Kontrolle über die Fernwege und den Donauübergang hatte.

Titelthema:
STADTGRÜNDUNG IM MITTELALTER
Die Wittelsbacherstädte

Frühestes Zeugnis des Christentums nördlich der Alpen

Die »Frankfurter Silberinschrift« schreibt die Geschichte der Christianisierung neu: In einem Körpergrab aus Frankfurt-Praunheim, datiert zwischen 230 und 260 n. Chr., fand sich ein Silberamulett mit christlicher Inschrift, mindestens 50 Jahre älter als bisherige christliche Funde.

Ein kleines, gerade einmal 3,5 cm großes Silberamulett, ein sogenanntes Phylakterium, darin eingerollt eine dünne Silberfolie mit einer geheimnisvollen Ritzung: die »Frankfurter Silberinschrift«. Diese 18 Zeilen, da sind sich Expertinnen und Experten einig, werden die bisherige Forschung über die Ausbreitung des Christentums und die Spätzeit der römischen Herrschaft rechts des Rheins enorm bereichern. Die Inschrift konnte dank modernster Computertomographie-Technik entschlüsselt werden. Sie zeigt: Der Text ist vollständig christlich zu deuten, was für diese Zeit absolut außergewöhnlich ist.

Das Besondere ist das Alter des Fundes. Denn das Grab, in dem das Amulett gefunden wurde, wird auf den Zeitraum zwischen 230 und 260 n.Chr. datiert. Einen so frühen, authentischen Nachweis reinen Christentums nördlich der Alpen gab es bisher noch nicht. Alle Funde sind mindestens rund 50 Jahre jünger. Zwar gibt es Hinweise aus der Geschichtsschreibung auf erste christliche Gruppen in Gallien und vielleicht auch in der Provinz Obergermanien im späten 2. Jh. Sichere Nachweise für christliches Leben in den nordalpinen Gebieten des Römischen Reiches stammen in der Regel aber erst aus dem 4. Jh.

Das Silberamulett mit eingerollter Silberfolie.

Das Areal der römischen Stadt *Nida* (Frankfurt am Main-Heddernheim) ist eine der größten und bedeutendsten archäologischen Fundstätten Hessens. Von einem militärischen Knotenpunkt aus den 70er Jahren des 1. Jhs. n. Chr. entwickelte sich die Siedlung nach dem Abzug der Armee im frühen 2. Jh. n. Chr. zum wirtschaftlichen und kulturellen Zentrum. *Nida* wurde zum Hauptort der nordmainischen Grenzregion, der *civitas Taunensium*. Die Stadt gehörte zu den bedeutendsten römischen Siedlungen im römischen Germanien

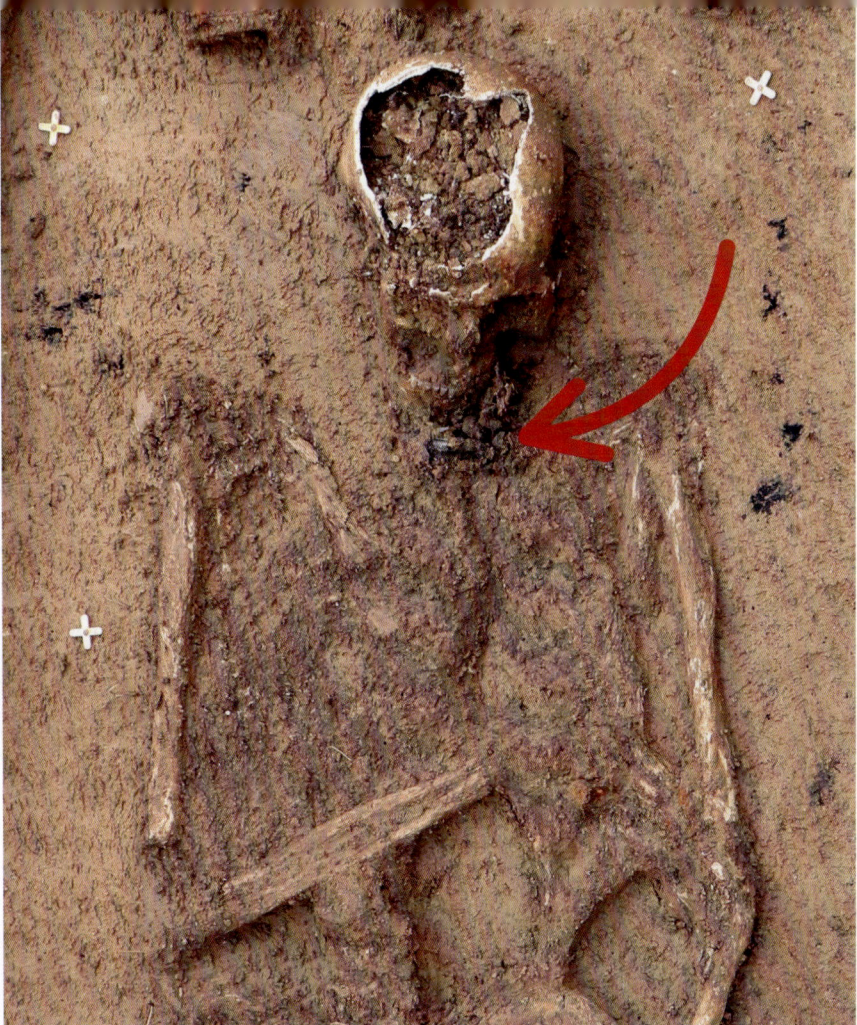

Grab 134, der Pfeil weist auf die Lage der Amulettkapsel am Hals des Toten. Re. u.: zwei Keramikgefäße als Beigaben.

und zeichnete sich durch eine außergewöhnliche kulturelle Vielfalt aus. Vieles deutet darauf hin, dass *Nida* bis in das 2. Viertel des 3. Jhs. n. Chr. hinein eine Zeit des Wohlstandes erlebte.

Die Auswertung der Ausgrabungen des Frankfurter Denkmalamtes in den Jahren 2017–2018 in dem zur römischen Stadt gehörenden Gräberfeld an der »Heilmannstraße« (Frankfurt am Main-Praunheim) hat nun unser Bild von der Spätzeit der römischen Herrschaft in den Gebieten rechts des Rheins nachhaltig verändert. Bei den Grabungen konnten auf einer dicht belegten Fläche von etwa 500 m² insgesamt 127 Gräber freigelegt werden. Das Gräberfeld »Heilmannstraße« weist nach heutigem Kenntnisstand einige Besonderheiten auf: Die Lage des Begräbnisplatzes an der Nordwestecke der antiken Stadtgrenze ist ungewöhnlich, da er an keine der wichtigen Ausfallstraßen angebunden war. Unter den Bestattungen dominieren eindeutig die Körpergräber (113), von denen 45 beigabenlos waren. In allen anderen bekannten Friedhöfen von *Nida* liegt der Anteil von Körperbestattungen nur bei etwa 10 %.

Das Gräberfeld setzt sich darüber hinaus durch eine Reihe außergewöhnlicher Beigaben(-ensembles) von den übrigen Gräberstraßen in *Nida* ab. Dies unterstreichen beispielsweise die vielgestaltigen Glasfunde, die in den bislang bekannten Bestattungen fehlen. Neu für Gräber in *Nida* ist darüber hinaus der vielfältige Nachweis von Schmuck, vor allem Perlen aus Glas, Gagat (fosiles Holz) und Stein (u. a. Bergkristall). Bemerkenswert ist der Nachweis von 14 Paar Schuhen, die neben den Füßen oder an den Unterschenkeln der Verstorbenen abgestellt worden waren. Sie scheinen anzudeuten, dass der Lebensweg zu Ende beschritten und das Schuhwerk somit nutzlos geworden war. Die

Gräber der Heilmannstrasse gleichen sich damit zeitgleichen, qualitätvollen Beisetzungen in den römischen Metropolen am Rhein an.

Herausragender Einzelfund ist die silberne Amulettkapsel aus dem Körpergrab eines 35–45 Jahre alten Mannes (Stelle 134). Der Tote trug das Amulett offenbar noch in der Grablege um den Hals. Die Kapsel barg eine zusammengerollte, nur 0,05 mm dicke Silberfolie, in die eine Inschrift eingeritzt war.

Konservierung, Restaurierung und digitale Entrollung

Im Archäologischen Museum Frankfurt wurde der Fund konservierungswissenschaftlich und restauratorisch bearbeitet. Die wissenschaftliche Auswertung des Gräberfeldes übernahm dabei der aus München stammende ehemalige Kustos der Sammlung für Provinzialrömische Archäologie, Dr. Peter Fasold. Im Restaurierungslabor des Archäologischen Museums wurde durch

Diplom-Restauratorin Birgit Schwahn entdeckt, dass das Silberamulett eine gerollte Silberfolie enthielt. Erste Materialanalysen 2019 zeigten, dass die Silberfolie beschriftet war. Doch es sollte noch dauern, bis der Text zweifelsfrei entziffert werden konnte. Die hauchdünne Silberfolie selbst ist durch die lange Zeit im Boden zu spröde und brüchig, um sie einfach aufzurollen. Sie würde bei Versuchen, sie aufzurollen auseinanderfallen. Erst die Durchleuchtung mit einem

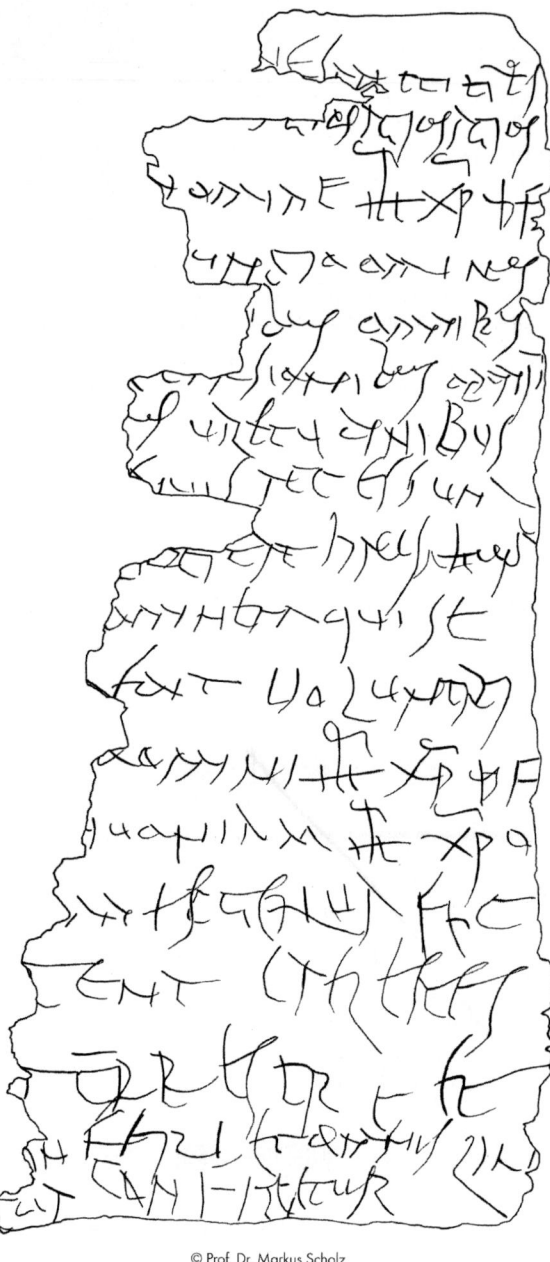

© Prof. Dr. Markus Scholz.

hochmodernen Computertomographen im Leibniz-Zentrum für Archäologie in Mainz (LEIZA) brachte im Mai 2024 schließlich den Durchbruch. »Die Herausforderung in der Analyse bestand darin, dass das Silberblech zwar gerollt, aber nach rund 1800 Jahren natürlich auch zerknickt und gepresst war. Mittels des CTs konnten wir es in einer sehr hohen Auflösung scannen und ein 3D-Modell erstellen«, berichtet Dr. Ivan Calandra, Laborleiter für bildgebende Verfahren am LEIZA. Das LEIZA wendete zudem eine für dieses Objekt spezielle Analysemethode an und setzte daraufhin einzelne Segmente des Scans virtuell Stück für Stück aneinander, sodass alle Worte sichtbar wurden. Erst durch diese digitale Entrollung konnte der gesamte Text entschlüsselt werden.

Die Lesung der Inschrift

Wie bei einem Puzzle hat der Archäologe und Experte für lateinische Inschriften Prof. Dr. Markus Scholz von der Frankfurter Goethe-Universität sich an die Arbeit gemacht und schließlich die 18 Zeilen der »Frankfurter Silberinschrift« entschlüsselt. »Manchmal hat es Wochen, ja Monate gedauert bis ich den nächsten Einfall hatte. Ich habe

Li.: digital entrollte Silberfolie mit Inschrift. Re.: Umschreibung der Inschrift.

Fachleute unter anderem aus der Theologiegeschichte hinzugezogen und Stück für Stück haben wir uns gemeinsam dem Text genähert und ihn letztlich entziffert«. Durch die Bodenlagerung gingen einzelne Randpartien verloren. Die Ergänzung der betreffenden Textpassagen bleibt diskutabel. Außergewöhnlich ist, dass die Inschrift komplett auf Lateinisch gehalten ist. »Das ist ungewöhnlich für diese Zeit. Normalerweise wa-

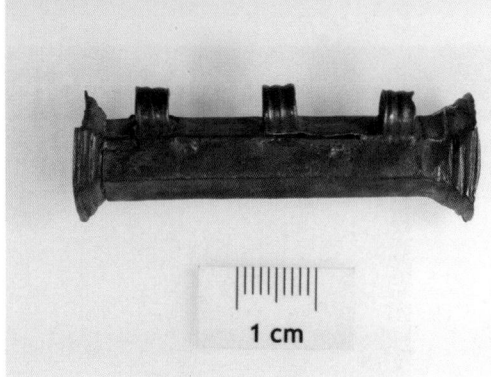

ren solche Inschriften in Amuletten auf Griechisch oder Hebräisch verfasst«, erklärt Scholz. Zudem ist der Text sehr ausgefeilt. Der Verfasser muss ein elaborierter Schreiber gewesen sein.

Ungewöhnlich ist zudem, dass es in der Inschrift keinen Hinweis auf einen anderen Glauben neben dem Christentum gibt. Normalerweise ist bis ins 5. Jh. hinein bei Edelmetallamuletten dieser Art immer eine Mischung verschiedener Glaubensrichtungen zu erwarten. Oftmals finden sich noch Elemente aus dem Judentum oder heidnische Einflüsse (s. das Regensburger Amulett u.).

Die Auswertung der Bedeutung des Fundes durch Fachleute für das frühe Christentum und Theologen steht erst am Anfang. Einige der im Text enthaltenen Formulierungen waren bislang erst viele Jahrzehnte später bezeugt. So findet sich am Anfang der Silberinschrift eine Nennung des Heiligen Titus, eines Schülers und Vertrauten des Apostels Paulus. So wie die eigentlich erst aus dem 4. Jh. in der christlichen Liturgie bekannte Anrufung »Heilig, heilig, heilig!« (Trishagion). Der Text enthält am Ende mit »Die Knie beugen« zudem ein fast wörtliches Zitat aus dem sog. Christushymnus des Paulus aus seinem Brief an die Philipper (Phil. 2, 10–11).

Die »Frankfurter Silberinschrift« ist somit eines der bedeutendsten Zeugnisse des frühen Christentums weltweit, da sie als authentische Primärquelle aus gesichertem archäologischen Kontext das älteste direkte Zeugnis für einen Christen nördlich der Alpen Mitte des 3. Jhs. darstellt, dessen sterbliche Überreste und Grabbeigaben zudem erhalten sind, wie Dr. Wolfgang David, Direktor des Archäologischen Museums Frankfurt, betont. Anders als bei literarischen, teils legendarischen Quellen, etwa über frühchristliche Bischöfe oder Märtyrer, handele es sich bei dem Text der Frankfurter Silberfolie um ein unmittelbares Zeugnis, so David, das womöglich schon Jahrzehnte vor der Grablegung auf die Folie geschrieben worden war. Die

Silberne Amulettkapseln aus dem Großen Gräberfeld in Regensburg; in der linken befanden sich ein Gold-, Silber- und Kupferblättchen; beide sind im Historischen Museum Regensburg (Inv.-Nr. A 1513 und A 1915) ausgestellt.

»Frankfurter Silberinschrift« ist in der Dauerausstellung des Archäologischen Museums Frankfurt zu sehen.

Amulettkapseln in Bayern: Jüdische Gottesnamen

Vergleichbare, allerdings nicht-christliche Amulettkapseln gibt es auch in Bayern: Im römischen Großen Gräberfeld von Regensburg wurde schon im 19. Jh. ein silbernes Amulettbüchschen gefunden – am Hals einer körperbestatteten Frau. In der röhrenförmigen, 25 mm langen Silberkapsel mit zwei Hängeösen befanden sich ein Gold- und ein Silberblättchen (sowie ein nicht herausnehmbares Kupferblättchen), die nach der Auffindung leider unsachgemäß geglättet wurden, so dass ein Teil der Inschrift zerstört wurde (dazu *R. Gschlößl, Im Schmelztiegel der Religionen, 2006, S. 113 f. mit Literaturhinweisen in Anm. 102*). Neben magischen Zeichen lassen sich auf dem Goldblättchen u. a. die jüdischen Gottesnamen »Iao« (für Jahwe), »Sabao(th)« und »Adonai« lesen. Als häufige Triade in magischen Texten bezeugen sie hier jedoch nicht das Judentum der Amulettträgerin, sondern eine Magiegläubigkeit, die sich in der Nennung von als besonders wirkmächtig gedachten Gottesnamen in Verbindung mit magischen Symbolen ausdrückt.

Stadt Frankfurt a. M./red/rg

Li.: die einzelnstehende Urne mit einer bronzenen Nadel mit rundem Kopf.
Re.: das Bronzemesser von Kriegenbrunn direkt nach dem Auffinden.
Länge: 14,7 cm.

Urnenfelderzeitlicher Bestattungsplatz an der Regnitz
Kriegenbrunn, Stadt Erlangen

Auf dem Gelände zwischen dem Main-Donau-Kanal und dem linken Regnitzufer bei Kriegenbrunn, Erlangen, sind seit längerem bronze- und eisenzeitliche Gräber bekannt. 300 m nördlich des großen hallstattzeitlichen Grabhügels im Krähenholz wurden 1931 bei Waldarbeiten zwei urnenfelderzeitliche Gräber entdeckt und teils zerstört.

Bei der Erweiterung des Umspannwerkes Kriegenbrunn wurden Ende letzten Jahres bei Baueingriffen in das deshalb als Bodendenkmal eingetragene Areal mindestens zwei weitere Bestattungen geborgen. Die Archäologinnen und Archäologen konnten neben einem einzelnen Urnengrab mit einer beigegebenen einfachen Bronzenadel mit rundem Kopf auch eine große Steinsetzung finden und dokumentieren.

Die zirka 3,25 m x 1,6 m große und 80 cm tiefe, kistenartige Struktur aus Sandsteinen mit jeweils einem Pfostenloch an den kurzen Seiten war Nord-Süd orientiert. Im Inneren der Steinsetzung fanden sich neben fünf stark zerdrückten Keramikgefäßen zahlreiche weitere Scherben, Tierknochen und menschliche Überreste. Diese waren zu Teilen in Form von Leichenbrand erhalten, jedoch konnten auch ein Oberschen-

kelknochen und einige weitere, schlecht erhaltene Knochen geborgen werden. Diese ließen sich einem erwachsenen Individuum zuordnen und besaßen auch Brandspuren.

Ein beim Oberbodenabtrag gefundenes Bronzemesser konnte leider keinem Befund zugewiesen werden, da dieser durch die vielen Baumwurzeln des Bewuchses schon zerstört worden war. Den Griffplattenmessern vom Typ Riegsee, Variante Přestavlky-Libočany (nach *Hohlbein 2016*) ähnelnd, zeigte das Kriegenbrunner Exemplar im unrestaurierten Zustand keine Verzierungen. Ein Niet befand sich noch im zugehörigen Nietloch in einem sehr langen, schmalen Griff.

Bisher deuten die Funde von Kriegenbrunn auf eine Datierung der Gräber in die frühe bis mittlere Urnenfelderzeit (ca. 1300–1000 v. Chr.). Die von Bayernwerk Netz GmbH finanzierten archäologischen Arbeiten vor Ort sind zurzeit noch unterbrochen und die genaue Auswertung der bisherigen Grabungen steht deshalb noch aus.

Domenik Fischer M. A.
In Terra Veritas GmbH

Literatur:
H. Hennig, Die Grab- und Hortfunde der Urnenfelderkultur aus Ober- und Mittelfranken. Materialhefte zur Bayerischen Vorgeschichte 23 (Kallmünz/Opf. 1970).
M. Hohlbein, Die Messer in Süd- und Westdeutschland. Prähistorische Bronzefunde Abt. VII, 6 (Stuttgart 2017).

Die große Steinsetzung im Planum 2 von insgesamt vier Plana.

Zentralsiedlung der mittleren Jungsteinzeit und frühmittelalterliches »Ôuuista«

Ast, Gde. Tiefenbach, Lkr. Landshut

Bereits Anfang der 1990er Jahre wurde am heutigen Ortsrand von Ast, Gde. Tiefenbach, Lkr. Landshut bei der Erschließung eines Baugebiets eine Zentralsiedlung der mittleren Jungsteinzeit (4.900–4.500 v. Chr.) entdeckt und in den folgenden Jahren in Teilen ausgegraben. Nachdem die Gemeinde im Jahr 2022 beschlossen hatte, in dieser Zentralsiedlung eine Erweiterung des bestehenden Baugebietes auszuweisen, sicherte die Kreisarchäologie Landshut von 2023 bis 2025 das betroffene Bodendenkmal auf ca. 1,7 ha Fläche in drei

Li. o.: Ein kleines Trinkgefäß aus der Siedlung der mittleren Jungsteinzeit von Ast.
U.: Die Schlitzgrube mit dem abgetrennten Vorderlauf eines Rotwildes.

Grabungskampagnen. Dabei wurden rund 2.000 archäologische Befunde ausgegraben und dokumentiert. Vollkommen überraschend stießen die Archäologen im Rahmen dieser Arbeiten nicht nur auf die bekannte jungsteinzeitliche Mittelpunktssiedlung, sondern auch auf eine frühmittelalterliche Wüstung mit Hofgrablegen.

Neben den mindestens 14 Hausgrundrissen mit zahllosen begleitenden Abfall-, Vorrats- und Materialentnahmegruben, die innerhalb des jungsteinzeitlichen Dorfes untersucht werden konnten, fanden sich in der jungsteinzeitlichen Siedlung dutzende sogenannter Schlitzgruben, die ohne erkennbares Muster über die gesamte Grabungsfläche verteilt lagen. Bei Schlitzgruben handelt es sich um zwei bis drei Meter lange Gruben, die bei geringer Breite von meist unter einem halben Meter bis zu 1,30 m tief v-förmig in den Boden eingegraben worden waren. Die einstige Nutzung dieser Gruben ist unklar. Neben einer Interpretation als spezielle Lagergruben wird diskutiert, ob es sich um Strukturen zur Ledergerbung, zum Weben oder aber um Tierfallen handeln könnte. Auf dem Boden einer dieser Gruben von Ast fand sich der abgetrennte Vorderlauf eines Rotwildes.

Die frühmittelalterliche Wüstung war nach aktuellem Stand der Auswertung ein Haufendorf, das anhand mehrerer ^{14}C-Datierungen zwischen dem 8. und 10. Jh. bestand. Die erste urkundliche

Grab eines Erwachsenen und eines Kindes aus der karolingisch-ottonischen Siedlung von Ast.

Nennung des Ortes Ast als »Ôuuista« stammt aus den Jahren zwischen 887 und 895 und findet sich in den Traditionen des Bistums Freising. Aufgrund der vorliegenden Datierungen und der Lage des neu entdeckten Dorfes muss es sich dabei um dieses »Ôuuista« und damit um den Ursprung des heutigen Dorfes Ast handeln. Ihre Toten bestatteten die karolingisch-ottonischen Bewohner von Ast direkt bei den Wohnhäusern. Verteilt über die Grabungsfläche fanden sich mehr als 45 Ost-West ausgerichtete, beigabenlose Gräber. In ihnen waren Erwachsene und Kinder in gestreckter Rückenlage, den Kopf im Westen, der Blick nach Osten beigesetzt worden.

Dr. Thomas Richter,
Kreisarchäologie Landshut

Ofenkachel aus Kipfenberg mit Darstellung eines einen Ast als Keule schwingenden »Wilden Mannes« und Schriftband in einem rahmenden Lorbeerblattmedaillon.

Wilder Mann am Kachelofen

In Kipfenberg wird beim Aufräumen im Bauhof eine seltene Ofenkachel aus der frühen Neuzeit gefunden.

In Kipfenberg, Lkr. Eichstätt, ist kürzlich eine bemerkenswerte frühneuzeitliche Ofenkachel mit der Darstellung eines »Wilden Mannes« auf kuriose Art und Weise entdeckt worden.

Im Februar 2025 übermittelte ein Mitarbeiter des Bauhofs Kipfenberg Fotos einer offensichtlich vollständig erhaltenen Ofenkachel an Kreisheimatpfleger Dr. Karl Heinz Rieder – verbunden mit der Frage, ob er diese für das Römer und Bajuwaren Museum Kipfenberg brauchen könnte. Man habe die grün glasierte Kachel beim Aufräumen im Bauhof gefunden. Angeblich stammt sie aus dem Torwärterhaus von Kipfenberg.

Am 10. März wurde besagte Kachel an den Kreisheimatpfleger übergeben. Noch am selben Tag wandte sich Rieder an Harald Rosmanitz, den ausgewiesenen Spezialisten für Ofenkacheln und erhielt schon am selben Abend folgende Expertise: »Sehr geehrter Herr Dr. Rieder, spannend. Eine Imprese, gehalten von einem stehenden, wilden Mann. Das rahmende Lorbeerblattmedaillon ist in die 2. Hälfte des 16. Jhs. zu datieren. Der einen Ast als Keule schwingende Wilde Mann geht in der Bildsprache in die Spätgotik zurück, findet sich jedoch in der heraldischen Tradierung durchaus noch bis ins 17. Jh. 19./20.

Jh. schließe ich aufgrund der Machart aus. Die Kachel, die übrigens erst in einen grün glasierten Ofen eingebaut war, bevor sie in einem weiteren Einbau mit Lehm grundiert und graphitiert wurde, ist meines Erachtens als Gegenstück zu einem Wappenschild zu denken. Vergleiche (auch in FurnArch mit seinen zwischenzeitlich mehr als 85.000 Einträgen) gibt's nicht. Beste Grüße, Ihr Harald Rosmanitz«.

»Der Sieg im Krieg ist mit den Gerechten«

Das war eine Steilvorlage. Der nächste Schritt war eine Fotodokumentation der Details. Die genaue Betrachtung zeigte, dass es sich um keinen Bodenfund handelt. Wahrscheinlich stammt sie aus einem Fehlboden. Danach wurden die anhaftenden Reste gesammelt und als Proben archiviert und anschließend die Schauseite mit Wasser vorsichtig gereinigt. Jetzt war das Schriftband deutlich lesbar. Die lateinische Inschrift lautet: JUSTI - COMES - EST - VICTORIA - BELLI. Die Übersetzung lieferte Dr. Anne Müller von der Uni Eichstätt, eine ehemalige Mitarbeiterin des Kipfenberger Museums. Sie lautet: »Der Sieg im Krieg ist mit den Gerechten«, alternativ »Des Gerechten Begleiter ist der Sieg im Krieg«. Das Spruchband hält ein »Wilder Mann« in einer Hand, in der anderen Hand schwingt er einen ausgerissenen kleinen Baum. Umgeben ist er von einem Lorbeerblattkranz. In den Ecken sieht man vier Puttenköpfchen.

Zur Herkunft gibt es nach Auskunft von Hans Jürgen Merkel vom Bauhof Kipfenberg eine neue Version. Demnach stammt die Kachel wohl aus dem ehemaligen Gasthof Krone. Diese Herkunft wäre durchaus stimmig.

Zur Bedeutung des »Wilden Mannes« auf der Kachel ist Folgendes zu sagen. Den Darstellungen eines Wilden Mannes kommt eine metaphorische Bedeutung zu. Er steht für das Wilde schlechthin, die bedrohliche Natur, für die überwundene Natur und für bestimmte, als urtümlich empfundene charakterliche Merkmale von Männern.

Sie wird zukünftig ein attraktives Exponat des Römer und Bajuwaren Museum Kipfenberg darstellen.

Dr. Karl Heinz Rieder
Kreisheimatpfleger Eichstätt

In der spätmittelalterlichen Kunst ist das Motiv der Wilden Leute häufig auf Bildteppichen dargestellt, besonders im Elsass und in der Schweiz. Thematisiert wird eine Art wilde »Gegenwelt« zur höfischen, ritterlichen Gesellschaft. Wilde Männer und Frauen, erkennbar an ihrer verschiedenfarbigen Fellbehaarung bzw. gestreiften Fellkleidung, gehen auf die Jagd oder erstürmen eine Burg, auch Szenen aus der epischen Literatur kommen vor. Im Bild o. Ausschnitt aus einem Wilde-Leute-Teppich, 1. Hälfte 15. Jh., der im Historischen Museum Regensburg (Inv.-Nr. AB4) ausgestellt ist und vermutlich aus dem Elsass stammt. rg

Replik einer Kachel vom Bekrönungsfries eines Ofens aus dem Neuen Schloss Ingolstadt, spätes 15. Jh. Der Wilde Mann hält das Ingolstädter und das bayerische Wappen in seinen Händen.

Das Museum für Steinzeit und Gegenwart im Kastenhof Landau a.d.Isar

 Gefördert durch das Bayerische Staatsministerium für Ernährung, Landwirtschaft und Forsten und den Europäischen Landwirtschaftsfonds für die Entwicklung des ländlichen Raums (ELER).

Ein Museum der **Stadt Landau** a.d.Isar

www.steinzeit-museum.de

STADTGRÜNDUNG
Die Wittelsbacherstädte

Altbayern wurde im Hochmittelalter, dem 12. und 13. Jahrhundert, zum Städteland. Insbesondere die Wittelsbacher als Herzöge Bayerns ab 1180 prägten diese Stadtgründungswelle mit ihren Residenzstädten wie Landshut, Straubing und Ingolstadt. Wie lief so eine Stadtgründung ab? Baute man »auf der grünen Wiese« oder auf einer bereits zuvor bestehenden Siedlung? Gab

M MITTELALTER

es ein festes Schema von symmetrischen Straßen und Plätzen? Die archäologische Stadtkernforschung der letzten Jahrzehnte gibt Einblicke in die altbayerische Stadtwerdung und kann manche überraschende Erkenntnisse liefern, welche aus der historischen Forschung so nicht erkennbar waren.

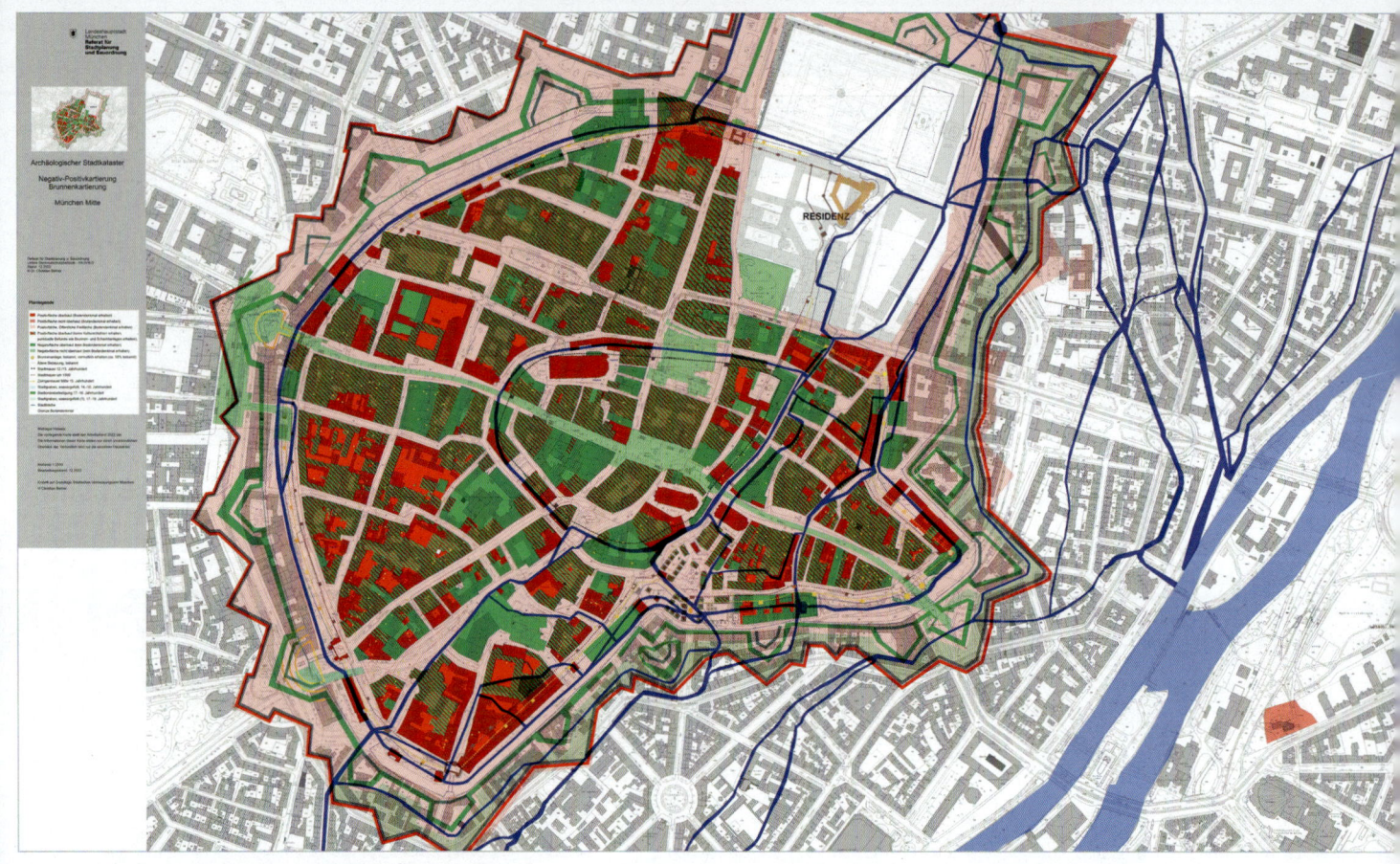

Archäologischer Stadtkataster München Stand 03/2024.

Archäologie mittelalterlicher Stadtgründungen in Bayern

Von Jochen Haberstroh

Aufgaben und Forschungs-stand

An der Grenze der Disziplinen erzwingt der Reichtum schriftlicher und archäologischer Überlieferung die enge Zusammenarbeit zwischen Archäologen und Historikern – besser: Er würde sie eigentlich erzwingen, denn die Zahl echter Gemeinschaftswerke bleibt sehr überschaubar. Dabei kam es seit der Jahrtausendwende zu einer schwer überschaubaren Vermehrung archäologischer Aufschlüsse auch in bayerischen Städten. Der publizierte Forschungsstand für Bayern bleibt dennoch weiter unbefriedigend. Wer in Bayern etwas über die Fortschritte der Stadtarchäologie wissen will, kann lange suchen.

In Bayern stammen Publikationen v. a. aus Städten mit kommunaler Archäologie (Augsburg, Bamberg, Nürnberg, Regensburg) – ein Grund mehr für das Konzept kommunaler Bodendenkmalpflege auch in mittelalterlichen Städten. Ideales Planungsinstrument einer institutionalisierten Stadtarchäologie wäre ein Archäologischer Stadtkataster. In anderen Ländern seit den 1980er Jahren eingeführt, liegt er in Bayern noch immer nur für München vor. Aber auch die Stadt des einzigen Wittelsbachers, der die Kaiserwürde erlangte, muss wohl noch länger auf eine Stadtarchäologie in kommunaler Hand warten.

Der Münchner Stadtkataster stellt allein die Erhaltung der Denkmalsubstanz in den Mittelpunkt, ohne Ansätze unter-schiedlicher Bewertung anzubieten. Vor missbräuchlicher Deutung schützt ihn vielleicht auch seine eingeschränkte Öffentlichkeit, gerade im Vergleich mit anderen Konzepten im Zeitalter von open source und open data. Aufgaben der Veröffentlichung und Vermittlung archäologischer Grabungsergebnisse erfüllt der Münchner Stadtkataster ausdrücklich nicht. Ganz generell mangelt es aber in Bayern an der Präsenz stadtkernarchäologischer Ergebnisse im städtischen Raum. Nur selten werden mittelalterliche Ausgrabungsergebnisse vor Ort präsentiert. Zu mühsam mag die Aufbereitung komplexer Befunde sein, zu un-geübt könnte auch die Zusammenarbeit in der Kontaktzone von Historikern und Archäologen und manchmal auch Bau-forscherinnen sein. Unsere Ergebnisse müssen also sichtbarer werden.

Zentralort, Burg oder Stadt?

Aus historischer Perspektive ist die Stadt v. a. ein Rechtsbegriff für einen umgrenzten Raum – denken wir an Markt- und Zollrechte, an die Rechte und Pflichten der Bürger, an städtische Verfassungen und die Folgen daraus. Mit Städten verbundene Merkmale und Funktionen reklamiert die Archäologie schon lange vorher auch für Siedlungsty-pen der Vor- und Frühgeschichte, der Römerzeit und des frühen Mittelalters – denken wir an Siedlungsverdichtung, Arbeitsteilung, Handwerk, Handel, Befestigung oder Herrschaft. Damit sind wir bei einem gerade für Südbayern entscheidenden Aspekt besonders für Stadtgründung und frühe Entwicklung: Die Stadt braucht einen Stadtherrn. Nur er ist in der Lage, Rechte und Privilegien überhaupt zu gewähren.

Deshalb ist die Territorialisierung der Herrschaft im Hochmittelalter eine wichtige Voraussetzung für die beiden großen Stadtgründungswellen des 12.

und 13. Jhs., die in Südbayern eben eine vergleichsweise homogene Organisation der Herrschaft vorfanden.

Andererseits lässt sich damit die oft geringe Bedeutung eines Gründungs-akts oder von Privilegien bei älteren Städten auf römischer oder frühmittel-alterlicher Wurzel erklären. In Bayern fehlen sie gerade bei älteren Bischofs-städten (Würzburg, Bamberg), deren Stadtherr durch seine ständige Präsenz unmittelbaren Einfluss ausübt.

In Südbayern lassen sich in Verbin-dung mit topografisch günstigen Bedin-gungen für den Flussübergang (Mün-chen-Isarinseln) Orte oder Kleinräume mit zentralörtlichen Funktionen fixie-ren, deren Gründungsidee in allen Fäl-len mit ihren verkehrsstrategischen Vor-zügen verbunden war. Auch die meisten mittelalterlichen Stadtgründungen in Südbayern folgen diesem Ansatz. Nach dem Ende der römischen Provinz und vor den großen Stadtgründungswellen des hohen Mittelalters verbinden wir eine Vielzahl von Siedlungstypen und -bezeichnungen (*urbs, oppidum, cas-trum, villa, locus, curtis* u. a. werden mehrdeutig angewandt) mit zentralört-lichen Funktionen, die immer eng mit dem Thema Herrschaft verbunden sind. Damit kommen wir zur Interpretati-onsproblematik der großen Burgen des

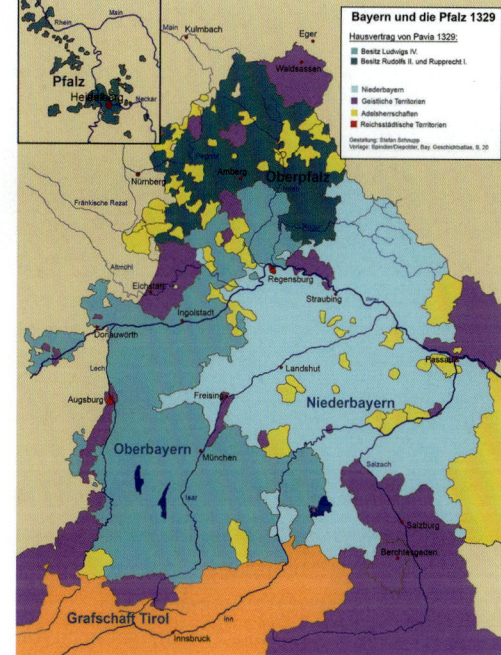

Bayern und die Pfalz 1329.

11. Jhs., die in Südbayern wenig be-kannt, aber durchaus vorhanden sind. Zentralörtliche Funktionen dürfen wir im Umfeld der frühen Dynastensitze in Ebersberg, in Wolfratshausen, auf dem Schlossberg bei Peiting, in Scheyern oder auf der Schönenburg bei Dießen erwarten.

Birg bei Schäftlarn

Paradebeispiel für eine Zeit, in der der Stadtbegriff moderner Prägung noch nicht entwickelt war, ist das *»oppidum«* auf dem Schlossberg bei Schäftlarn. Die Birg gilt in der archäologischen For-schung als typisches Exemplar einer ungarnzeitlichen Befestigung über älte-ren vorgeschichtlichen Wurzeln. Schon ihre urkundliche Erwähnung nach dem Ende der Ungarnkriege und ihre Be-zeichnung als *oppidum* wecken aber Zweifel daran, ob diese Interpretation die Bedeutung der Anlage ausreichend beschreibt. Die über 20 ha große Anla-ge liegt oberhalb des 762 gegründeten Klosters Schäftlarn. Und sie liegt gegen-

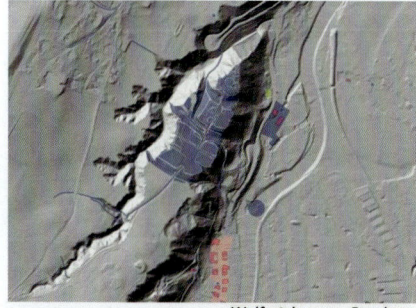

Wolfratshausen, Burgberg

Ebersberg, Schlossberg

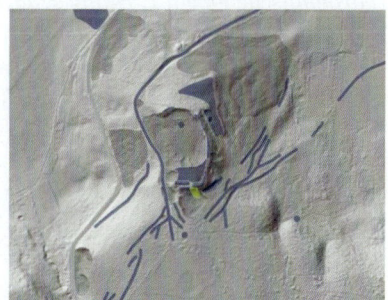

Dießen, Schatzberg

Peiting, Schlossberg

Vier sog. Dynastenburgen des frühen und hohen Mittelalters im Raum München.

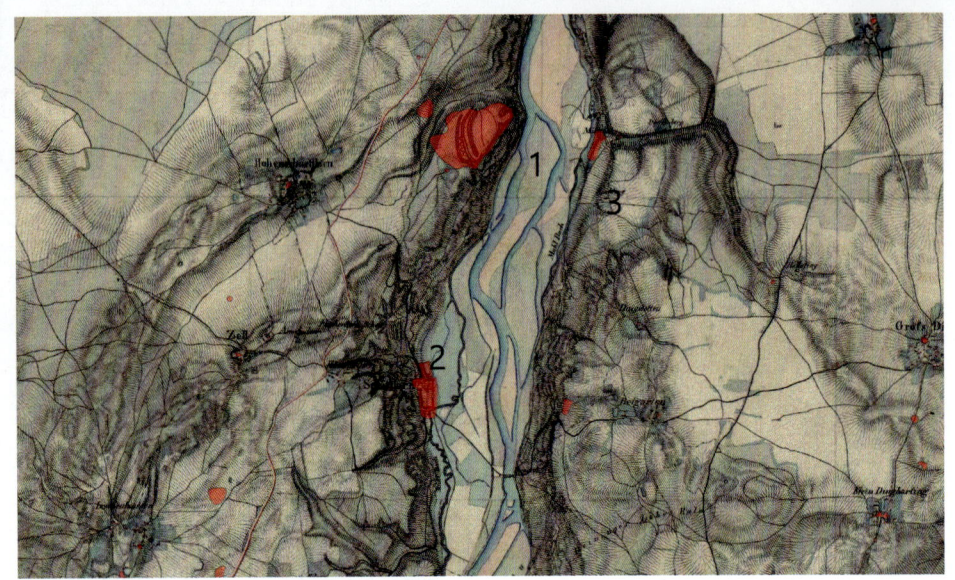

Isartal bei Schäftlarn: Uraufnahme mit Denkmaleintragungen (rot): 1 Birg b. Schäftlarn, 2 Kloster Schäftlarn, 3 Epolding-Mühlthal.

Jh. Erstmals in Südbayern ist hier der konkrete Nachweis eines Herzogs- und Königshofes gelungen, der mit dem streng orthogonalen Grundriss einer Doppelgrabenanlage eher römischen Vorbildern als der wenig später errichteten karolingischen Pfalz von Altötting oder den kaum später entstandenen großen Burgen ähnelt.

Im Erdinger Land wird auch eine weitere Folge der Gründungswelle von Märkten und Städten im 12. und 13. Jh. greifbar: die Neuorganisation ihres Umlandes und der damit verbundene Wüstungsprozess. Die historische Forschung sieht den Höhepunkt wirtschaftlicher und sozialer Krisen und damit verbundener Wüstungsprozesse eigentlich erst im 14. Jh. 2024 gelang vor den Toren Münchens bei Oberschleißheim ein ungewöhnlich vollständiger Nachweis der spätmittelalterlichen Dorfwüstung Wagrain mit Kirche, Wohngebäuden und Werkplatzen (BAYER. ARCHÄOLOGIE 4/2024, S. 4–5). Lange vor dieser »klassischen« Wüstungsphase wurden

über der von Hermann Dannheimer in das 8.–10. Jh. datierten Befunde von Epolding-Mühlthal an einer früher gut passierbaren Weitung der Isar.

Kaum mehr als 15 km südlich von München scheint in dieser Topografie eine Binnenstruktur der Birg im 10. Jh. ähnlich wie bei Pfalzen ottonischer und salischer Zeit denkbar.

Erdinger Land

Südlich von München können wir zur Situation solcher zentralörtlichen Vorläufer archäologisch derzeit wenig beitragen. Ganz anders sieht das nordöstlich davon im Erdinger Land aus.

Dort lässt sich die mit Herrschaftsbildung, Gründung, Aufgabe und Verlagerung verknüpfte Siedlungsentwicklung des frühen und hohen Mittelalters in der Siedlungskammer um Erding zwischen Isar und Sempt fast beispielhaft zeigen: Im Raum zwischen Neuching (Synode 771) und Langenpreising (urk. 767, »Adelsnekropole« des 7./8. Jhs.) zeichnet sich in der frühmittelalterlichen Archäologie seit langem ein zentraler Raum mit dem Mittelpunkt um Erding/Altenerding ab. Im Rahmen des Projektes »Erding im 1. Jahrtausend« rückten zwei Fundstellen in einer Semptschleife etwa 1 km südöstlich des Kletthamer Gräberfeldes in das Blickfeld. Südlich der Sempt lag dort bis in die Mitte des 20. Jhs. die im Kern noch karolingische Peterskirche, in deren Umfeld sich ein ausgedehnter Kirchhof befand, dessen Bestattungen lange für spätmittelalter-

lich gehalten wurden. Inzwischen liegen hier ^{14}C-Daten vor, die eine lückenlose Belegung mit beigabenlosen Gräbern vom 7./8. bis in das 12. Jh. hinein nachweisen. Auf dem nördlichen Semptufer wurde passend dazu der 891 von Arnulf von Kärnten an das Salzburger Domkapitel geschenkte Königshof nachgewiesen, dessen Wurzeln nach Ausweis jüngster ^{14}C-Datierungen aus der Grabenverfüllung bis in agilolfingische Zeit (7. Jh.) zurückreichen. Neue Einzelfunde aus dem Umfeld wie eine »Kreuzfibel« oder besser Rosettenfibel im Tassilokelchstil bestätigen die herausragende Bedeutung des Kleinraums im frühen 9.

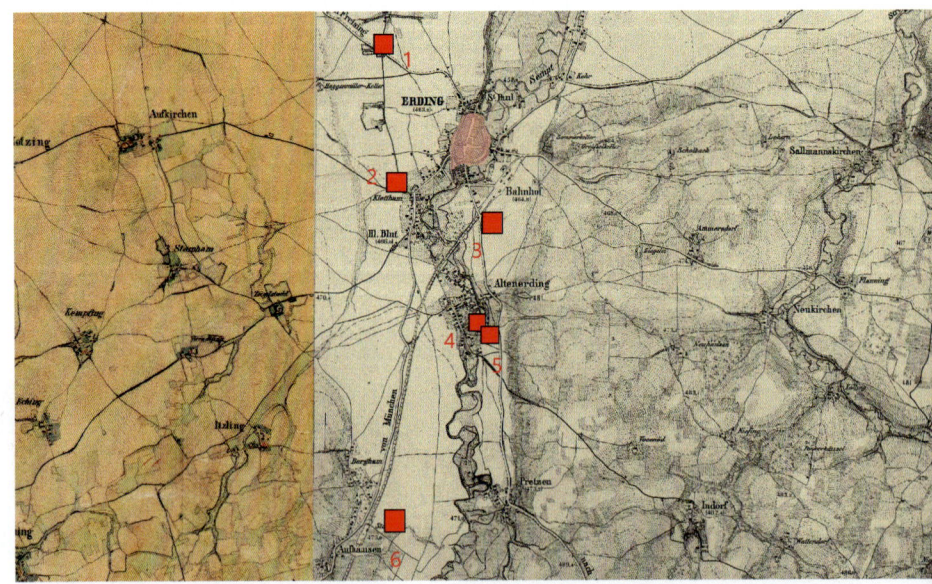

Erding/Altenerding: frühmittelalterliche Fundstellen. 1 Siglfing (Separatgrablege 1. Hälfte 8. Jh.), 2 Klettham (Gräberfeld 5.–7. Jh.), 3 Haager Straße (karolingische Fibeln 1. Hälfte 9. Jh.), 4 Herzogs-/Königshof (7.–10./11. Jh.), 5 St. Peter abgegangen, 6 Aufhausen-Bergham (Wüstung 8.–12. Jh.).

Erding, Haager Straße, Grabung 2024, zwei karolingische Fibeln.

in Südbayern schon seit dem 12. Jh. zahlreiche kleinere und größere ländliche Siedlungen (Aufhausen-Bergham) im Zuge von Zentralisierungsprozessen aufgegeben. Für das Münchner Umland markiert das 12. Jh. wie in Germering, Aschheim, Unterhaching oder Poing geradezu regelmäßig das Ende früh- bis hochmittelalterlicher Siedlungen, die zuvor über Jahrhunderte hinweg bruchlos bestanden. Wüstungen im Umland und wüst gefallene oder in der Bedeutung herabgesunkene Konkurrenz- und Vorgängersiedlungen (Straubing, Altenstadt b. Schongau) gehören demnach schon zur Gründungsphase der neuen Städte in Südbayern. Gründung und Aufgabe sind demnach zwei Seiten derselben Medaille, bzw. desselben Prozesses, nämlich der Bündelung zentralörtlicher Funktionen im Zuge der Territorialisierung des Landes.

Gründung und Linien früher Entwicklung

Mit Begriffen wie Gründungsstadt, Planstadt, Residenzstadt u. v. m. suggeriert die historische und kunstgeschichtliche Forschung die Existenz eines Gründungsakts, einer Planidee, einer dominanten Funktion, die sich in der Folge über lange Zeit linear/kontinuierlich weiterentwickelt haben. Die Archäologie konnte in den beiden letzten Jahrzehnten zeigen, dass die Vorstellung von einem einheitlichen und rasch umgesetzten Planungsentwurf in aller Regel ebenso wenig zutrifft, wie diejenige eines linearen Wachstums der Stadt innerhalb und später außerhalb ihrer Befestigung. Plan und Idee prägen die Stadt meist nur für bestimmte Zeit, bevor sie in der Folge in der wechselhaften Geschichte von Erfolg und Scheitern aufgehen.

Neuherberg, Gde. Oberschleißheim: Wüstung Wagrain

Planung

Die bayerischen Beispiele der Gründungsstadt gehören weit überwiegend der zweiten großen Gründungswelle des 13. Jhs. an und folgen nicht zuletzt wegen der homogenen territorialen Entwicklung einem einheitlichen Muster.

Sein sichtbarster Ausdruck in den Uraufnahmen ist der Straßenmarkt, der wie in Deggendorf zum Wesensmerkmal der Wittelsbacher Gründungsstädte wurde und erst aus einer Aufweitung des Straßenraums an *Cardo* oder *Decumanus* entstand, also eben nicht schon mit Gründung geplant war. Echte innerstädtische Plätze nach heutigem Verständnis entstanden nochmals später. Zusammen mit dem Straßennetz, das gerne vier Viertel wie in Kelheim, Ingolstadt oder München (Kreuzviertel, Graggenauer-, Anger- und Hackenviertel) bildete, ist die Ausbildung von Straßenmärkten ein wichtiger Hinweis für frühe Stadtplanung.

In der archäologischen Forschung dominiert heute aber das Bild eines polyzentrischen Ursprungs der Stadt wie etwa in Ulm, dessen ältere Kerne im Verlauf des 12. und 13. Jhs. unter herrschaftlichem Zugriff (z. B. Herzog, Bischof, Graf, aber auch Klöster wie z. B. Niederaltaich/Ingolstadt) überprägt und zusammengefasst wurden. Dabei war es aus archäologischer Sicht eher unerheblich, wer Stadtherr war und ob die älteren Kerne eine bis in karolingische oder gar vorkarolingische Zeit zurückreichende Wurzel besaßen. Die Überprägungsversuche staufischer Zeit betrafen ältere Strukturen ebenso wie echte oder nur vermeintliche Neugründungen am selben Ort oder innerhalb eines Kleinraums mit zentralörtlicher Bedeutung. In den immer öfter beobachteten polyzentrischen Wurzeln zeichnen sich neben älteren Siedlungsstrukturen deshalb auch konkurrierende Interessen um die Stadtherrschaft ab (Straubing-

Deggendorf, Uraufnahme (1827).

Neustadt, Augsburger Domkapitel/Ludwig der Kelheimer). Überall aber hatten die am Prozess Beteiligten in der Folge dieselben Aufgaben zu lösen:
- die Verlagerung zentralörtlicher Funktionen
- die Befestigung als Gemeinschaftsaufgabe und Zankapfel für alle Beteiligten
- die strukturelle Ordnung und Organisation des Stadtraums mit öffentlichen Bauaufgaben
- die Bewältigung des Bevölkerungswachstums v. a. im 13. Jh.

Auf den ersten Blick ähneln sich die Spuren dieser Schritte in Südbayern stark. Unterschiede zeigen sich im Detail: etwa in Umfang und Tempo, mit dem eine städtische Infrastruktur, besonders der Ver- und Entsorgung, entstand oder mit dem aus ackerbürgerlichen Quartieren Orte des Handwerks und aus diesen Orte des Handels wurden und damit den sozialen Aufstieg dort forcierten. Genau hier wird der Unterschied zwischen den Residenzstädten und den kleineren sog. Gründungsstädten auch in der Archäologie sichtbar.

Wachstum

Bei aller Ähnlichkeit verlief die weitere Entwicklung aber weder linear im Sinne kontinuierlichen Wachstums noch überall zeitgleich. Schon die beiden Fallbeispiele München und Ingolstadt entwickeln unmittelbar nach ihrer Entstehung eine ganz unterschiedliche Dy-

namik. Während in München der innere Siedlungskern schon in der ersten Hälfte des 13. Jhs. zu eng wird, bleibt das Wachstum Ingolstadts bis in die zweite Hälfte des 14. Jhs. beschaulich. Wachstum war zweifellos erfolgsabhängig.

Die Archäologie kann die unterschiedliche Dynamik etwa anhand der zahlreichen Brunnen und Latrinen zeigen, die zum Teil der Ver- und Entsorgung eines ganzen Quartiers dienten. Der in der Archäologie schon berühmte Schacht 5 vom Marienhof liegt schon außerhalb des ersten Mauerrings und ist dendrochronologisch auf 1261 datiert – interessanterweise ein Datum, das sich auch in Landshut und Ingolstadt bei dendrodatierten Hölzern findet und damit eine gemeinsame Phase der Prosperität in

den Herzogsstädten andeutet.

Für die westlichen Teile des im 13. Jh. neu gewonnenen Münchner Stadtraums wurde lange eine nur extensive Nutzung vermutet, was sich bei den jüngsten Ausgrabungen in der Nähe der Maxburg nur zum Teil bestätigte. Zwar ist die dort angetroffene Befunddichte nicht vergleichbar mit derjenigen im Zentrum um den Alten Hof. Dennoch überraschten an der Kapellenstraße die Nutzungsdichte und Präsenz spezialisierter Handwerker, was mit der Situation in der südlichen Erweiterung am Jakobsplatz vergleichbar ist. In beiden Fällen fand die hinzugewonnene Stadtfläche also rasch Interessenten.

Parallelen zwischen den beiden Herzogsstädten München und Ingolstadt zeigen sich in der spät datierten sogenannten Versteinerung der städtischen Wohnbebauung. Selbst im zentralen Kern Ingolstadts, um die Moritzkirche herum, wird noch bis zum Ende des 13. Jhs. vorzugsweise in Holz gebaut.

Der Prozess ist am Münchner Marienhof aus methodischen Gründen kaum noch greifbar, dort wurden seit dem späten Mittelalter immer wieder jünge-

München-Kapellenstraße M-2011-740-2_0, Übersichtsaufnahme Grabung 2012.

München, räumliche Entwicklung.

re Keller unter älteren Wohngebäuden angelegt, was die stratigrafische Abfolge im Befund auf den Kopf stellt und den anhaltenden Nutzungsdruck auf die Parzellen im Zentrum bezeugt.

»Kommunale Planung« in Verbindung mit einem Funktionswechsel zeigt sich in der Neugestaltung des Stadtraums etwa auf dem Ingolstädter Rathausplatz, wo spätestens 1312 der neue Salzmarkt die ältere Holzbebauung und Ofenanlagen ablöst, aber auch in Deggendorf und Landshut, wo im 13. Jh. neue Märkte (besser Marktstraßen) über älterer Bebauung entstehen. Plätze bezeugen hier die wachsende Bedeutung des Handels als Basis des wirtschaftlichen Erfolgs.

Wenn es, wie in Ingolstadt, zu Brüchen in der städtischen Entwicklung kam, kann die sog. »Dark earth« Reduktion und Extensivierung im archäologischen Befund anzeigen. Ein Befund, der sonst charakteristisch für die in Spätantike und Frühmittelalter beobachtete Ruralisierung in römischen Städten ist. In Ingolstadt wird ein ähnlicher Befund als »Herzogshumus« bezeichnet, der hier aber in die Zeit der Stadtgründung zu setzen ist und diesen Horizont von spärlich bezeugten älteren Siedlungsstrukturen im Stadtkern trennt. »Dark earth« ist also keinesfalls nur ein Phänomen der Spätantike. Mancherorts mag die-

se »Bodenbildung« als Krisenanzeiger städtischer Entwicklung mit einseitigen wirtschaftlichen Abhängigkeiten, mit Umweltkrisen oder dem politischen

Scheitern des Stadtherrn zusammenhängen.

In Südbayern gehört es zu den erstaunlichen Feststellungen der Archäologie, dass sich eine städtische Sachkultur erst allmählich und kaum vor der Mitte des 14. Jhs. herauskristallisiert. Die frühe Gründungstadt unterscheidet sich in der Sachkultur offenbar nur wenig von der agrarisch orientierten, ländlichen Siedlung. Feststellbare Unterschiede betreffen im 12. und 13. Jh. allein die in der Stadt befindlichen Herrschaftssitze und vielleicht ihr engstes Umfeld. Der übrigen Stadtbevölkerung innerhalb wie vor den neuen Mauern darf man unterstellen, dass sich ihr Alltag trotz anderer Rechte nicht wesentlich von dem ihrer Zeitgenossen in Dörfern und Weilern unterschied. Selbst die Anwesenheit

Burgfrieden 1460 – 1724
Burgfrieden 1724 – 1846
Burgfrieden 1846 – 1852
Burgfrieden 1852 – 1854
(Erweiterung)
● erhaltene Burgfriedensäule
1: heute am Elisabethplatz
2: 100 m südwestlich des Monopteros
3: Hof im Stadtmuseum
4: Originalstandort
5: vor Marsstraße 46
○ abgegangene Burgfriedensäule
‑ ‑ ‑ Hauptverkehrswege

Siedlungsfläche 11./12. Jh.
Stadtmauer
Stadtgräben /-bäche
Wallanlage ab 1619-40
I   12./13. Jahrhundert
II 1. Stadterweiterung um 1200
III 2. Stadterweiterung ab 1255

München-Marienhof: Schacht 5.

Landshut an der Isar – gegründet 1204 auf feuchtem Grund

Von Isabella Denk

Wasserspiele in der Altstadt! Während diese Nachricht im Mittelalter für Aufschrei und Frustration gesorgt hätte, sorgt sie heute nur angesichts klammer Stadtkassen für Diskussionen. Mit meterhohen Aufschüttungen, Bohlenwegen und Pflasterungen wurde im Mittelalter versucht, das Isarwasser zurückzudrängen. Nun steht sie da, die so genannte steinerne Stadt. Sie ist trocken und sie heizt sich auf. In Zeiten des Klimawandels ist dieses mittelalterliche Modell nicht mehr zeitgemäß. Und da ist der Ruf nach dem Element, das die Landshuter seit der Stadtgründung findig zu verbannen suchten, wieder lauter geworden. Doch das im Mittelalter lebenserschwerende Wasser

kehrt freilich nicht mehr so massiv zurück, sondern als reines Amusement in Form von Wasserspielen.

Triefnasses Land – Vorzugslage Hangleiten

Die kleine Siedlung, die sich nach der Gründung durch den Wittelsbacher Herzog Ludwig den Kelheimer am Fuße der trocken auf dem Berg thronenden Burg Trausnitz gebildet hatte, hatte vielleicht politisch und eventuell noch infrastrukturell eine 1A-Lage. Lebensqualität hatte sie wohl kaum. Dieses triefnasse Stück Land, vollgesogen von den Hochwässern und Altarmen der Isar weist nur vereinzelte Siedlungsspu-

Landshut aus der Luft: Die lineare Anlage wird anhand der beiden markanten Straßenzüge Altstadt (links) und Neustadt (rechts) klar. Links von St. Martin (Bild unten) ist eine davon sich abhebende Rundung erkennbar.

ren vor 1204 auf. Seit dem Neolithikum wurde bevorzugt auf den Hochlagen, den sogenannten Hangleiten gesiedelt. Die Siedler, die sich während des Neolithikums in Landshut-Sallmannsberg oder während der Hallstattzeit auf der gegenüberliegenden Flussseite in Landshut-Hascherkeller niederließen, wählten diese Orte mit Bedacht. Nah an der Isar, aber dennoch hochwassersicher auf den nacheiszeitlichen Lössanwehungen, die gleichzeitig fruchtbares Ackerland boten. Beides hatte die Siedlung zur Stadtgründung nicht zur Verfügung. Die ältesten Funde in Innenstadtnähe sind hallstattzeitliches Scherbenmaterial, das es in einer Rinne auf eine Anhöhe über der Altstadt gespült hatte. Diese Siedlung muss sich im Bereich des so genannten Ottonianums befunden haben, eines Gebäudes, das auch eine bewegte Geschichte hinter sich hat. Vom Wirtshaus, in dem feine Schützengesellschaften ein- und ausgingen bis zum Sitz der NSDAP-Kreisleitung und zuletzt Jugendherberge war dort schon vieles passiert. Aber es war eben auch immer hochwassersicher. Doch die Stadtgründung war strategisch, der Regierungssitz des Herzogs auf der Anhöhe nicht davon betroffen und die frühen Stadtbewohner arrangierten sich.

Fast schon visionär muten die Publikationen des Landshuter Stadtchronisten Alois Staudenraus in der ersten Hälfte des 19. Jhs. sowie die »Landshuter Häuserchronik« des ehemaligen Stadtarchivars Theo Herzogs aus dem Jahr 1957 an, die – ohne archäologische Befunde kennen zu können – die Stadtgründung und ihr Wachstum detailliert beschrieben hatten. Die späteren Ausgrabungsbefunde des Bayerischen Landesamtes für Denkmalpflege, Außenstelle Landshut sowie der Stadtarchäologie Landshut konnten vor allem Herzogs Thesen in Teilen untermauern. In manchen Bereichen zeichnet der archäologische Be-

fund jedoch ein etwas anderes Bild des rasanten Wachstums der Wittelsbacherstadt. Viele Fragen bleiben jedoch nach wie vor ungeklärt.

Unter St. Martin: Vier Meter Isarkies, Sand und Müll

»MCCIIII Ludovicus dux bavariae castrum et oppidum in Landshut construere cepit« (1204 begann Ludwig, Herzog Bayerns, Burg und Stadt in Landshut zu bauen). In einem knappen Satz hielt Abt Hermann von Niederaltaich die Burg- und Stadterbauung Landshuts im Jahr 1204 fest. Zwar wurde der Chronist selbst erst zwischen 1200 und 1202 geboren, doch stand er den Wittelsbachern sehr nahe, so dass er das Wissen um die Jahreszahl aus dieser Quelle wohl selbst hat abschöpfen können. Archivar Herzog malt in seiner Publikation das Bild der frühen Stadt als der eines Rundlings: »Ihre Ausdehnung kann ohne besondere Schwierigkeit am Stadtplan abgelesen werden«. Tatsächlich ist die lineare Wittelsbacher Anlage aus Alt- und Neustadt mit ihren verbindenden Gassen rund um St. Martin auffallend organisch geformt. Vor allem im Bereich der abgerundeten Oberen Länd und der Harnischgasse bis hin zum Nahensteig und der heute in der Straßenführung irritierenden Kirchgasse ist die frühe Stadt beileibe nicht am Reißbrett der Wittelsbacher Stadtplaner entstanden. Allerdings lässt sich diese Annahme bislang nicht anhand eines archäologischen Befundes verifizieren. Keine Wall-Graben-Anlage wurde bislang festgestellt, die diese Stadt geschützt haben könnte.

Im Zentrum dieser ersten Ansiedelung gibt es jedoch einen Befund, der bereits im Zuge der Sanierungsarbeiten von St. Martin vor mehr als 30 Jahren zutage kam: der romanische Vorgängerbau mit 50 Metern Länge, 27 Metern Breite und vorgelagertem Glockenturm. Es ist immer wieder beeindruckend,

Ein Bohlenweg vor der Stadtresidenz, freigelegt bei Leitungsverlegungen.

Das Portal des romanischen Vorgängerbaus von St. Martin. Es ist klar der Niveauunterschied der beiden Kirchen zu erkennen.

die enge Wendeltreppe in der heutigen St.-Martinskirche vier Meter unter das heutige Niveau hinabzusteigen. Es ist das Laufniveau der Stadtgründung. Vier Meter Isarkies, Sand und auch Müll wurden zwar sukzessive, aber durchaus zügig in diesem Bereich der Stadt aufgebracht. Grund war der bereits erwähnte, lebensfeindliche, dauerfeuchte Untergrund. Wenn der romanische Bau der Kirche mit der Stadtgründungszeit 1204 zusammenfällt, so war nur rund 180 Jahre später ein fast doppelt so langer Bau auf ganz anderem Niveau fällig. Die Dimensionen der beiden Gotteshäuser spiegeln das enorme Wachstum der Stadt nach ihrer Gründung wider – horizontal in der Ausdehnung, vertikal in den Aufschüttungen.

Unerwartete Stadtmauer-Befunde

Eine wachsende, blühende Stadt bedarf auch des Schutzes. Und kleine Abschnitte der Stadtbefestigung waren in den vergangenen Jahren häufige Befunde der Stadtarchäologie Landshut. Ein absolutes Datum, ab wann die erste Ziegelmauer als Schutz um die mittelalterliche Stadt stand, ist in den Archivalien nicht zu finden. Herzog Otto II. (1231–1253) hat nach dem gewaltsamen Tod seines Vaters Landshut zu seiner Residenzstadt ausgebaut. Falls ein Wall-Graben-System jemals existiert hatte, so ist es wahrscheinlich, dass es spätestens zu dieser Zeit durch eine feste Mauer ersetzt wurde. Denn 1257, so berichten die Quellen, zog der böhmische König Ottokar vor die »Mauer der Stadt Landshut«. 53 Jahre nach der Stadtgründung wird also erstmals eine Stadtmauer erwähnt. Diese Erwähnung ist allenfalls als *terminus ante quem* zu werten.

Die junge Stadt ging, nach den Überlegungen von Archivar Theo Herzog, nach Norden bis zur Steckengasse hin. Der Vorsprung der Häuserzelle der schattenspendenden Arkaden, im Volksmund auch »unter den Bögen« genannt, zur Häuserzeile im Bereich des Rathauses ist auffällig. Herzog sieht in der Bezeichnung »Steckengasse« einen Hinweis auf Palisaden.

Ohne diese Überlegung Theo Herzogs wäre vermutlich ein Mauerrelikt gegenüber zwischen dem Kapellenhof der Stadtresidenz und dem Gebäude Altstadt 78 nicht weiter in Erscheinung getreten. Im Zuge der umfassenden Sanierung der Stadtresidenz Herzog Ludwigs X. musste die Mauer zwischen den beiden Anwesen unterfangen werden. Ein Brunnen hatte zu Setzungen geführt. Dabei fiel auf, dass die Mauer kei-

Die Steckengasse bildet nicht nur den Abschluss von »Unter den Bögen« (rechts). Links davon springt die Häuserzeile auch etwas zurück. Für Theo Herzog war dies ein Indiz für eine Grenze zur ersten Stadterweiterung hin.

Landshut im Sandtnermodell von 1571, Bayerisches Nationalmuseum.

nen baulichen Bezug zu den Gebäuden hat. Ihr lehmbrauner Mörtel mit Kalkspatzen ist in Landshut für Bauten des späten 13./frühen 14. Jhs. typisch. Die Mauer, die stellenweise nur noch eine Ziegelbreite stark vorhanden ist, ist also älter als beide Häuser neben ihr. Der altstadtseitige Teil der Stadtresidenz, der so genannte Deutsche Bau, wurde 1536 begonnen. Dafür wurde die mittelalterliche Vorgängerbebauung großzügig abgerissen. Auf dem Sandtnermodel aus dem Jahr 1571 ist diese Mauer bereits vorhanden, sie kann also nicht das Relikt der abgerissenen Vorgängerbebauung der Parzelle des Anwesens Altstadt 78 sein.

Die Mauer ist nur noch sehr rudimentär erhalten. Dass sie aber noch existiert und auch beim Bau der Residenz nicht abgerissen worden war, wie der Rest der mittelalterlichen Bebauung an dieser Stelle, könnte ein Hinweis auf ihre Bedeutung, unter Umständen als Stadtmauer, sein. Zudem stellt sie eine Verlängerung des Gebäudes Altstadt 300 dar, dem Eckgebäude der Arkaden, die Herzog als bauliches Relikt der ältesten Stadt sieht. Diese Mauer zählt bislang zu einem der ältesten Befunde einer Stadtbefestigung.

Erste Stadterweiterung bis zur Heiliggeistkirche

Die erste große von Herzog erwähnte Erweiterung der Stadt erfolgte seiner Ansicht nach bereits in der Mitte des 13. Jhs. – im Westen bis an die Isar, im Norden bis vor das Heiliggeistspital, das urkundlich bereits 1208 erwähnt wurde. Von der ersten Erweiterung in Richtung Norden bis vor die Heiliggeistkirche gab es in den vergangenen Jahren mehrere Befunde.

Für diese Erweiterung charakteristisch sind zahlreiche Belege von zweischaligem Mauerwerk. Die beiden Schalen waren gefüllt mit großen Isarkieseln, so genannten »Bummerln«, oder auch Schutt, Ziegelfehlbränden und einfach Müll. Ungemein wertvoll ist hier das hölzerne Modell des Straubinger Drechslers Jakob Sandtner. Sandtner

fertigte im herzöglichen Auftrag Modelle der Städte Landshut, Straubing, Ingolstadt, München und Burghausen an. Das Landshuter Modell hat einen Maßstab von 1:750 und wird heute im Bayerischen Nationalmuseum verwahrt. Eine Kopie ist im Landshutmuseum zu sehen. Diese Modelle zeichnen sich durch einen ausgesprochenen, oft parzellenscharfen Detailreichtum aus.

Auch die soeben erwähnte zweischalige Stadtmauer ist dargestellt. Der Abriss des Kinokomplexes Palast-Palette-Roxy im Jahr 2006 zeigte den Verlauf der zweischaligen Mauer, die noch im durch den Abriss freigelegten aufgehenden Mauerwerk des Gebäudes Heiliggeistgasse 398 sichtbar ist. Das heute grüne Gebäude mit quadratischem Grundriss, das im Sandtnermodell noch ein Pultdach trägt, war im Jahr 2018 als möglicher Stadtmauerturm in der Denkmalliste nachgetragen worden. Die Baugefügeforschung wies jedoch

Zwischen der Stadtresidenz (rechts) und dem links angrenzenden Anwesen befindet sich wohl Landshuts ältestes Relikt einer Stadtmauer.

anhand einer Baufuge nach, dass der Turm an die Mauer gebaut worden war und somit jünger sein muss.

Der Verlauf dieser Mauer lässt sich nach Westen hin bis zum Heiliggeistspital hin verfolgen. Die Ausgrabungen im Vorfeld des Neubaus der so genannten Feldmannhäuser im Jahr 2016 zeigten: Das im 18. Jh. neu gebaute Spital wurde auf die abgebrochene Mauer aufgesetzt. Diese Mauer war auf ihrer Innenseite flankiert von einer Art Zaun, dessen Pfosten sich im archäologischen Befund widerspiegelten.

Die Stadtmauer der ersten Stadterweiterung ist zwischen Heiliggeist- und Herrengasse bisweilen noch bis in die zweiten Obergeschosse vorhanden.

In der Verlängerung nach Osten hin wurde ebenfalls im Jahr 2016 zwischen Heiliggeistgasse und Herrngasse ein Hinterhofgebäude aus dem 20. Jh. abgerissen. Dabei wurde klar, dass dieses Anwesen im Erdgeschoss und das Nachbargebäude bis in das zweite Obergeschoss die Stadtmauer als Rückwand verbaut hatte.

Wann ist die Neustadt entstanden?

Das zweischalige Mauerwerk der ersten Stadterweiterung findet seine Korrespondenz in mehreren Befunden, die seit 2019 nach und nach dokumentiert werden konnten. Diese verlaufen parallel zur Neustadt, zwischen Neustadt und Regierungsplatz beziehungsweise Freyung. Sie sind in der Zweischaligkeit, exakten Verarbeitung sowie der Zusammensetzung des Mörtels absolut vergleichbar, was dafür spricht, dass sie auch zeitlich in einem Zusammenhang

zu sehen sein können. Allerdings war bislang die Annahme, dass die Erweiterung der Stadt um den Altstadt-parallelen Straßenzug der Neustadt in einer nächsten Etappe erfolgt ist.

Im Rahmen der Sanierung des Anwesens Neustadt 529 wurde 2019 im rückwärtigen Gebäudeteil der Boden abgetieft. Direkt unter der Bodenplatte zeigten sich bauliche Strukturen und Fundamente unterschiedlicher Zeitstellung. Besonders auffallend war eine 16 Meter lange Mauer, parallel zur Außenmauer des derzeitigen Rückgebäudes und teilweise auch mit dieser verbunden. Es handelte sich mit der aktuellen Außenmauer also wiederum um ein zweischaliges Mauerwerk, das teilweise eine Mächtigkeit von zwei Metern aufwies. Auf der Neustadt zugewandten Seite wurde schließlich versucht, mit einem Minibagger die Tiefe des Fundaments zu ergründen. Ab 2,60 Meter unter der Oberkante des modernen Fußbodens war sowohl für die Kapazitäten des Baggers als auch aus statischen Gründen Schluss – die Sohle des Fundaments wurde jedoch nicht erreicht. Dass die Mauer so tief fundamentiert war, erinnert an das Niveau, auf dem sich der eingangs beschriebene romanische Vorgängerbau von St. Martin befindet. Und tatsächlich wurde auch im Bereich der Neustadt massiv planiert. Doch dies ist nicht überall der Fall: Die Mächtigkeit dieser Kulturschichten beträgt zwischen rund vier Metern (St. Martin, Teile der Neustadt) und nur 20 Zentimetern (Rathaus). Eine Auswertung der bisher bekannten Stellen mit mittelalterlichen und neuzeitlichen Aufschüttungen zeigt, dass das ursprüngliche Relief ein sehr unruhiges war. Historische Aufzeichnungen zu diesen Vorgängen gibt es nicht. Ferner ist auch noch unklar, in welchem Zeitraum die Aufschüttungen

Völlig unerwartet kam 2019 bei Sanierungsarbeiten in der Neustadt 529 eine zweischalige Stadtmauer zum Vorschein.

vonstattengingen. Eine sukzessive Erhöhung der Stadt fände freilich keinen Niederschlag in historischen Aufzeichnungen.

Zu diesem Befund gesellten sich in der Verlängerung nach Süden und Norden hin noch mindestens drei weitere. Zuletzt, vor wenigen Wochen im Spätwinter 2025, tauchte ein Mauerabschnitt in einem »Abseitl« eines ehemaligen Biergartens in der Neustadt auf, der den erwähnten zweischaligen Mauerabschnitten ähnelt.

Stadt nach der Gründung schneller gewachsen als bisher vermutet

Es gibt also in Landshut zwei Wachstumsabschnitte der Stadt, die sich in Form einer Stadtmauer zeigen: Die erste Erweiterung mit zweischaligem Mau-

Eine zweischalige Stadtmauer im Bereich des Ursulinenklosters. Die beiden Schalen sind gefüllt mit Ziegelbruch.

Re.: Ein Stück Stadtmauer, das Rätsel aufgibt: In dem noch stehenden Teil, der später ergänzt wurde steckt noch ein älterer Abschnitt, der zeitlich nicht in diese letzte Phase der Stadterweiterung passen mag.

trotz des dauerfeuchten Untergrunds so attraktiv, dass dieser nicht abschreckte. Im Gegenteil, er wurde trockengelegt, mit den bis heute spürbaren Folgen.

Die Autorin:
Dr. Isabella Denk ist Stadtarchäologin von Landshut.

Literatur:
I. Denk, Landshuts mittelalterliche Stadterweiterungen – ein Stadtmauerrest in der Neustadt 529. Arch. Jahr Bayern 2019 (2020) 127–129.

I. Denk, Der ständige Mauerfall. Neue Erkenntnisse zu Landshuts mittelalterlichen Stadterweiterungen. In: L. Husty, T. Richter (Hrsg.), Vorträge des 41. Niederbayerischen Archäologentages (Rahden/Westf. 2024), 255–270.

Th. Herzog, Landshuter Häuserchronik, In: Sonderveröffentlichungen des Historischen Vereins für Niederbayern E.V., Band 1, Neustadt an der Aisch 1957.

erwerk und die heute vielerorts wahrnehmbare Stadtmauer, beispielsweise entlang der Isar, die auch den Stadtteil Freyung umfasst und im 15. Jh. entstanden ist. Theo Herzog erwähnte noch zwei Schritte dazwischen, die im archäologischen Befund zumindest bis jetzt nicht fassbar sind. Einen Mauerbefund gibt es aber noch, der nur knappe zwei Meter lang ist und der alle bisherigen Modelle der Stadterweiterung wieder auf den Kopf stellen könnte. Unweit des Ursulinenklosters, dort wo die lange mächtige Stadtmauer des 15. Jhs. nur vom Anatomiegebäude der ehemaligen Universität durchschnitten wird, gibt es ein Teilstück, das deutlich älter ist. Die Verbindung beider Mauern ist durch einen Knick ersichtlich. Die Zweischaligkeit ist bislang nicht nachweisbar, aber nicht auszuschließen. In welche Zeitstellung diese Mauer gehört ist also noch nicht geklärt, aber mindestens ins 13. Jh. Und zumindest birgt dies schon mal eine Erkenntnis: Die Stadt ist nach der Stadtgründung noch schneller gewachsen als bisher vermutet und war

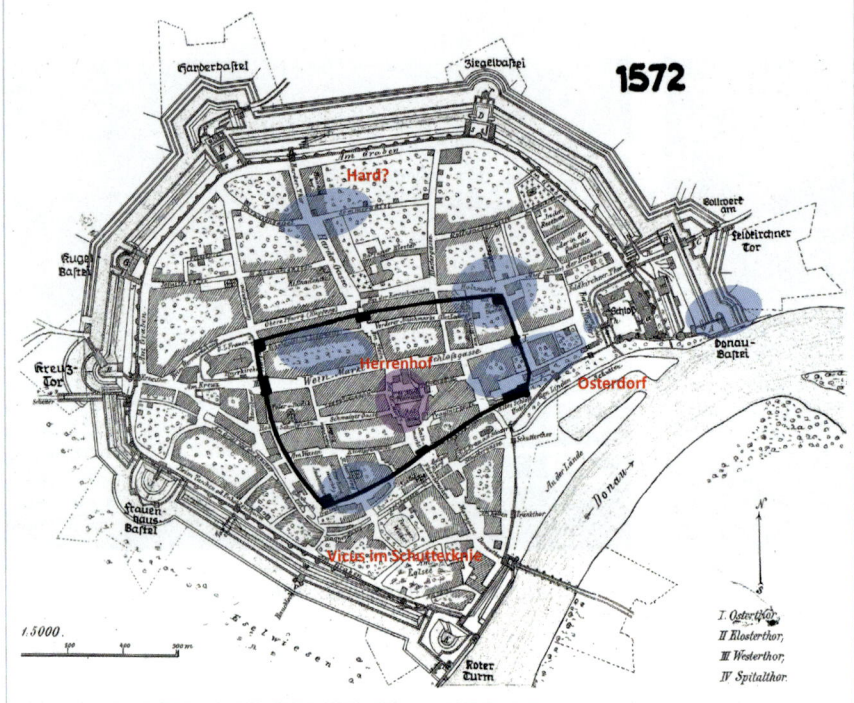

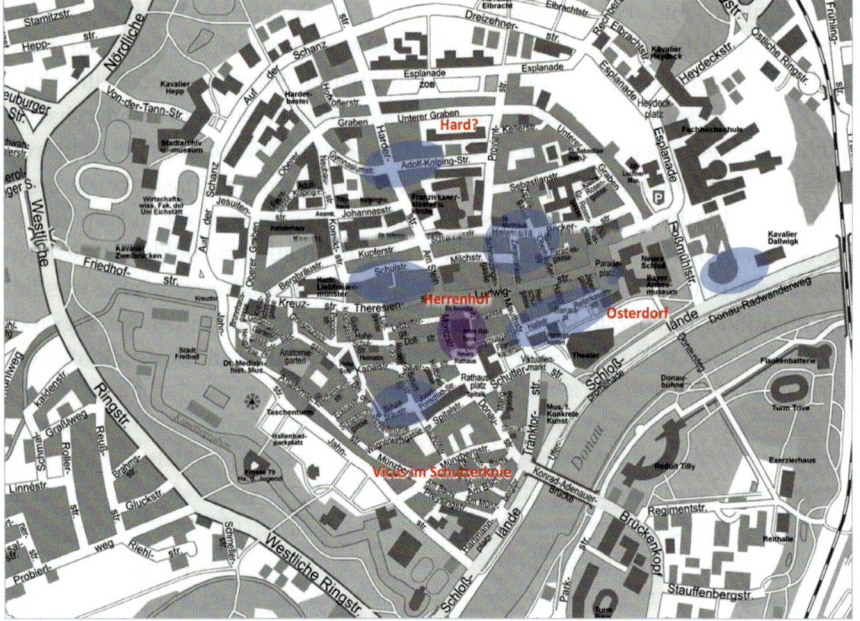

O.: Frühe Siedlungsstellen im Bereich der Ingolstädter Altstadt im Sandtner-modell.
U.: Frühe Siedlungsstellen im Bereich der Ingolstädter Altstadt im modernen Stadtplan.

den Schriftquellen als *vicus* auftaucht. Hier ist auch der alte Kornmarkt belegt.

Ein breit gestreutes Siedlungsgefüge mit mehreren Hofgruppen um einen zentralen Siedlungskern mit Kirche gab es in Kirchheim unter Teck seit dem Frühmittelalter. In der ersten Hälfte des 13. Jhs. entwickelte sich daraus durch eine Siedlungskonzentration die Stadt. Sie besitzt einen regelmäßigen Grundriss und ist deutlich kleiner als die hochmittelalterlichen Siedlungsareale. In Ingolstadt hatte dieselbe Entwicklung offenbar einen wesentlich kürzeren Verlauf.

Die Entwicklung einer städtischen Infrastruktur

Entscheidend für die Ansiedlung einer größeren Zahl von Menschen sind die Versorgung mit Wasser und die Entsorgung von Unrat. Hinweise auf die Wasserversorgung Ingolstadts im Früh- und Hochmittelalter gibt es bislang nicht. Offenbar reichten die vorhandenen offenen Gewässer, also vor allem der Stadtbach Schutter, aber auch die nahe gelegene Donau, für die Wasserversorgung aus, wie das selbst in einer bedeutenden Siedlung wie Konstanz bis ins 13. Jh. der Fall war.

Auch Entsorgungsschächte sind in Ingolstadt erst seit dem 13. Jh. sicher greifbar. Im Vergleich mit der nachgewiesenen, zeitgleichen, ebenerdigen Bebauung sind sie schon früh nicht in Holz-, sondern in Trockenbauweise aus Steinen oder Ziegeln errichtet worden, und zwar nach bisheriger Kenntnis zunächst im Umfeld von Moritzkirche und Altem Schloss. Neben den gemauerten Latrinenschächten haben auch unbefestigte Erdgruben der Entsorgung gedient, wie in Ulm. Auch die Brunnen sind nach

nicht. Die ältesten, als »Herzogshumus« bezeichneten Kulturschichten, in denen sich die Stadtwerdung vollzieht, sind dementsprechend schwach ausgebildet.

Da über die Grabungsberichte hinausgehende Befundauswertungen in Ingolstadt meist fehlen, weist bislang vor allem das Fundmaterial auf weitere frühe Siedlungsstellen hin, etwa um den Holzmarkt im Nordostteil der heutigen Altstadt und damit auch außerhalb der ersten Stadtumwehrung, wie das schon in Deggendorf sehr früh nachgewiesen

werden konnte. Auch deutlich außerhalb der spätmittelalterlichen Stadt, auf dem heutigen Gießereigelände bzw. Quartier G, sind entsprechend Siedlungshinweise aufgetreten. Der Altfund eines Grabes mit profilierter Gürtelschnalle vom Paradeplatz beim Neuen Schloss im Osten der Altstadt dürfte ebenfalls in diesen Zusammenhang gehören. Im Südwesten, in einer Biegung des Stadtbachs Schutter, könnte zusätzlich die Straßenführung auf ein weiteres frühes Siedlungsareal hinweisen, das in

Liebe Mitglieder der Gesellschaft für Archäologie in Bayern e. V.,

wir freuen uns, so viele von Ihnen in Deggendorf wiedergesehen zu haben! Heute stellen wir Ihnen die kommende Jahrestagung in Erding vor und laden zur Teilnahme an unserer Jahresexkursion ein. Unserem Regionalbeauftragten Herrn Spies verdanken wir zudem Berichte über zwei gelungene Veranstaltungen in Würzburg. Am 20.03.25 wurde die Christlein-Medaille 2024 nachträglich an Herrn Peter Pfister aus Obergünzburg verliehen, worüber wir in den nächsten Mitteilungen eingehend berichten werden. Einen erholsamen und erlebnisreichen Sommer wünscht, Ihr Vorstand der GfA.

....

Spangenbarrenhort und Kirchweihmarkt
Herbsttagung in Erding vom 17.–19.10.2025

Gemeinsam mit dem Bayerischen Landesamt für Denkmalpflege organisiert die GfA auf Einladung der Stadt Erding die diesjährige Herbsttagung als gesamtbayerische Veranstaltung vom 17.–19.10.2025. Tagungsort ist – wie bereits im Jahr 2013 – die bewirtete Stadthalle (Alois-Schießl-Platz 1, 85435 Erding), die in 15 min fußläufig vom Bahnhof erreichbar ist. Parkmöglichkeiten bestehen in der Tiefgarage und der Umgebung. Im Museum Erding wird begleitend eine Sonderausstellung zu archäologischen Neufunden gezeigt. Der Freitagnachmittag ist ab 13.30 Uhr der Archäologie in der Region gewidmet. Den abendlichen Festvortrag hält Frau Prof. Dr. Metzner-Nebelsick (LMU München) zum Thema »Der Spangenbarrenhort von Oberding und seine Bedeutung für die Frühbronzezeit Europas«. Am Samstag gibt es ab 9.00 Uhr Referate zu archäologischen Neufunden

Willkommen zurück in der schmucken und komfortablen Erdinger Stadthalle! (Foto: Erdinger Stadthallen GmbH).

aus ganz Bayern. Unsere Mitgliederversammlung mit Vorstandswahlen ist für 16–18.00 Uhr geplant. Am Sonntag finden zwei unterschiedliche Busexkursionen statt, eine mit metallzeitlichem, die andere mit frühmittelalterlichem Schwerpunkt. In Erding selbst kann kostenlos das Museum besichtigt werden und findet zudem der beliebte Kirchweihmarkt statt, der ebenfalls einen Besuch wert ist (Achtung: Innenstadt für Autos am Sonntag gesperrt!). Die Anmeldung per E-Mail ODER Postkarte ist möglich, sobald Sie die Einladungen gegen Ende der bayerischen Sommerferien erhalten haben. Bitte kümmern Sie sich bereits vorher um Unterkünfte, weil der Großraum München stets gut besucht ist.

Auch als Stadt hat Erding viel zu bieten, von der malerischen Altstadt mit dem Schrannenplatz bis zur berühmten Erdinger Therme (Foto: Erdinger Stadthallen GmbH).

Die nach mittelalterlichen Methoden erbaute Klosterkirche von Campus Galli (Foto: J. Knoblach).

Klosterleben im Mittelalter – und mehr

Jahresexkursion 2025 nach Baden-Württemberg

Der Vorstand der GfA freut sich, vom 3.–6.10.2025 eine viertägige Busexkursion nach Oberschwaben und an den Bodensee anbieten zu können, die diesmal unter dem Leitthema mittelalterlichen Klosterlebens steht. Wir werden ausführlich *Campus Galli* in Meßkirch besuchen (https://www.campus-galli.de/), wo seit 2012 die eindrucksvolle Nachbildung eines frühmittelalterlichen Klosters auf der Grundlage des St. Galler Klosterplans entsteht. Weitere Programmpunkte sind die nachgebaute

Kloster Obermarchtal aus der Vogelperspektive (Foto: Armin Appel, CC0, via Wikimedia Commons).

Bachritterburg Kanzach, das Archäologische Landesmuseum Baden-Württemberg und das Münster in Konstanz, die romanischen Kirchen der Insel Reichenau, das Pfahlbaumuseum Unteruhldingen und das Federseemuseums Bad Buchau sowie auf dem Heimweg eine archäologisch-historische Stadtführung in Ulm.

Wir übernachten passend zum Thema im Bildungshaus Kloster Obermarchtal (https://www.kloster-obermarchtal.de), einer sehenswerten barocken Anlage. Das Kloster dürfte bald nach der Mitte des 8. Jh. von Graf Halaholf gegründet worden sein. Nach dessen Tod 776 übergaben die Nachkommen ihr Familienkloster der Abtei St. Gallen. Kloster Obermarchtal verkörpert also den Typ, der mehr oder weniger über 1250 Jahre Bestand hatte. 1802 wurde das Kloster aufgehoben und von den Fürsten Thurn und Taxis gekauft und zeitweise als Schloss genutzt. 1972 kaufte die Diözese Rottenburg-Stuttgart den Klosterkomplex und baute ihn zum Bildungszentrum um.

Die Doppelzimmer im Kloster Obermarchtal sind mit eigenem Bad mit Dusche/WC ausgestattet. Einzelzimmer sind leider nur mit Etagendusche/Etagen-WC verfügbar. Bitte berücksichtigen Sie dies bei Ihrer Buchung.

Die angebotenen Leistungen umfassen: Fahrt im Reisebus ab München, drei Übernachtungen mit Frühstück und Abendessen im Bildungshaus Kloster Obermarchtal sowie sämtliche Kosten für Eintritte und Führungen. Mittags besteht Gelegenheit für kleine Imbisse. Gutes Schuhwerk, Regenschutz und Tagesrucksack mit Trinkflasche sind angeraten.

Unkostenbeitrag bei 28 zahlenden Teilnehmern: € 570 p. P. im DZ, € 590 p. P. im EZ.

Anmeldungen bitte unter geschaeftsstelle@gesellschaft-fuer-archaeologie.de oder notfalls telefonisch unter 08141/88 900 69 (bitte auf AB sprechen). Platzvergabe in der Reihenfolge des Eingangs, Bezahlung bitte erst nach Platzzusage.

Dieter Vollmar verstorben

Der Vorstand der GfA trauert mit den Angehörigen um unser langjähriges Vereinsmitglied Dieter Vollmar (12.10.1936–07.01.2025), das vielen von Ihnen von Tagungen und Exkursionen bekannt war. Mit großer Dankbarkeit durfte die GfA von der Familie des Verstorbenen die stattliche Spendensumme von 750,-€ entgegennehmen, die aus Überweisungen statt Blumen am Grab zusammengekommen war. Herr Vollmar wird uns unvergessen bleiben!

Der lange Weg zur Bronzezeit

»Lange Nacht der Wissenschaft« im Museum für Franken

Die Protagonisten der »Langen Nacht der Wissenschaft« (v. l. n. r.): Organisator Benjamin Spies (Museum für Franken) mit Tomáš Zachar, Martin Nadler, Philipp Stockhammer und Silviane Scharl (Foto: Museum für Franken).

Am 17. Januar 2025 veranstaltete das Museum für Franken zum zweiten Mal sein neues Eventformat der »Langen Nacht der Wissenschaft« zu einem archäologischen Thema. Dieses Mal wurde »Der lange Weg zur Bronzezeit« beschritten und damit die spannende Phase des Übergangs von der Stein- zur Bronzezeit in den Fokus gerückt. Die Veranstaltung stieß unter den Archäologie-Interessierten der Region erneut auf sehr großes Interesse und war mit 250 Gästen vollständig ausgebucht.

Anlass für die Themensetzung des Abends waren die jüngsten Untersuchungen an den Kupferfunden von Schernau (Lkr. Kitzingen) aus dem Sammlungsbestand des Museum für Franken, die zu den ältesten Metallfunden Mitteleuropas zählen. Die Ergebnisse der aktuellen Forschungen wurden an diesem Abend erstmals präsentiert und bildeten inhaltlich den Ausgangspunkt der Veranstaltung.

Im Zentrum des Abends standen drei Kurzvorträge, die um die Frage kreisten, welche Bedeutung die Einführung von Metall für die Menschen am Übergang von der Stein- zur Bronzezeit hatte. Im ersten Vortrag widmete sich Tomáš Zachar (Landesamt für Archäologie Sachsen) Alter und Herkunft der frühesten Kupferfunde in Mitteleuropa, insbesondere eben den neu analysierten Funden von Schernau. Anschließend nahm Martin Nadler (ehemals Bayerisches Landesamt für Denkmalpflege) die Entwicklungen der folgenden Jahrhunderte in Franken und Mitteleuropa in den Blick und präsentierte und interpretierte die wenigen bisher bekannten Metallfunde dieser Zeit. Im dritten Vortrag tauchte Prof. Dr. Philipp Stockhammer (Ludwig-Maximilians-Universität München) schließlich tief in die Welt der frühen Bronzezeit ein und zeichnete ein faszinierendes Bild der damaligen Gesellschaften.

In einer abschließenden Diskussionsrunde mit den drei Referenten und bereichert durch Prof. Dr. Silviane Scharl (Universität zu Köln) wurde gemeinsam erörtert, weshalb es in Mitteleuropa 2000 Jahre von den ersten Metallfunden bis zum Beginn der eigentlichen »Metallzeit« dauerte. Einstimmiges Fazit war, dass Metalle in Mitteleuropa bis zum Beginn der Bronzezeit eher als Kuriositäten, teilweise wohl auch als Prestigeobjekte angesehen wurden, aber schlicht keinen größeren Vorteil für die Menschen besaßen und damit auch keine direkten Auswirkungen auf die Gesellschaftsstruktur der späten Jungsteinzeit hatten. Erst mit dem Beginn der Bronzezeit bekamen Metalle dann auch einen praktischen Nutzen, beispielsweise in Form von Werkzeugen, mit entsprechend weitreichenden Folgen für die damaligen Gemeinschaften. Neben den Vorträgen wurde den Gästen auch in den Pausen wieder ein umfangreiches Programm geboten. So präsentierten sich die Gesellschaft für Archäologie in Bayern e. V., das Archäologische Spessartprojekt e. V., die Grabungsfirma Archäologische Dienstleistungen Wolff sowie die Freunde Mainfränkischer Kunst und Geschichte e. V. mit Info- und Messeständen. Darüber hinaus war eine kleine, aber hochkarätige Sonderpräsentation mit Metallfunden des 5.–3. Jahrtausends v. Chr. aus ganz Franken eingerichtet. Dabei wurden auch einige bisher noch nie öffentlich präsentierte Funde aus privaten und musealen Sammlungen gezeigt und von den Besuchern gewürdigt. Und natürlich konnten sich die Gäste wieder bei leckerem Essen und Getränken stärken.

Auf Grund der erneut überaus positiven Resonanz plant das Museum für Franken auch für den Januar 2026 wieder eine »Lange Nacht der Wissenschaft« zu einem archäologischen Thema. Bis dahin können die Vorträge von Tomáš Zachar und Martin Nadler, ebenso wie die Vorträge der ersten »Langen Nacht« zum Thema Linearbandkeramik, auf dem Youtube-Kanal des Museum für Franken angesehen werden.

Benjamin Spies

Verschnaufpause mit Verpflegung und Informationsständen auf dem »Langen Weg zur Bronzezeit« (Foto: Museum für Franken).

Gesellschaft für Archäologie in Bayern e. V.

Beitrittserklärung und Einzugsermächtigung

An die
Gesellschaft für Archäologie in Bayern e. V.
Postfach 13 09
85203 Dachau

Ich erkläre hiermit meinen Beitritt zur **Gesellschaft für Archäologie in Bayern e. V.**

Name _____ Vorname _____

Straße/Hausnummer _____

PLZ/Ort _____ Beruf _____

Telefon _____ E-Mail _____

Der Jahresbeitrag beträgt derzeit 37,– €.
Für Studierende liegt er gegen Vorlage einer aktuellen Immatrikulationsbescheinigung bei 30,– €.
Für Partnermitgliedschaften (ohne Jahrbuch und Bayerische Archäologie) beträgt er 10,– €.

Ich zahle den reduzierten jährlichen Mitgliedsbeitrag als ◯ Studierende(r) ◯ Partnermitglied

Name des Mitglieds bei Partnermitgliedschaft: _____

_____ _____
Ort, Datum Unterschrift

Ich ermächtige die **Gesellschaft für Archäologie in Bayern e. V.**, den o. g. Jahresbeitrag durch Lastschrift (Einzugsermächtigungsverfahren) von meinem Konto einzuziehen:

Name und Sitz des Kreditinstituts _____

IBAN _____

Kontoinhaber*in (Name, Vorname) _____

Sollte mein Konto zum Zeitpunkt der Beitragseinziehung nicht die erforderliche Deckung aufweisen und entstehen dem Verein durch die Zahlungsverweigerung des kontoführenden Instituts Kosten, werde ich diese auf Anforderung unverzüglich erstatten.

_____ _____
Ort, Datum Unterschrift Kontoinhaber*in

Spenden und Beiträge an die Gesellschaft für Archäologie in Bayern e. V. können steuerlich abgesetzt werden.

Impressum:
Im Mai 2025. Gefördert mit Mitteln des StMWK. Für den Vorstand der Gesellschaft für Archäologie in Bayern e. V., Bullachstr. 30, 82256 Fürstenfeldbruck: Prof. Dr. B. Päffgen und Dr. Ch. Later. Tel. 08141/88 900 69, Fax. 08141/88 987 41
E-Mail: geschaeftsstelle@gesellschaft-fuer-archaeologie.de · **www.gesellschaft-fuer-archaeologie.de**

IV

Verfüllung einer frühen Latrine beim Alten Schloss.

derzeitigem Kenntnisstand ganz überwiegend in Trockenmauertechnik ausgeführt, wie das in Deggendorf, aber generell in ganz Südwestdeutschland der Fall ist

Kanäle mit klarem Bezug zu gewerblichen Einrichtungen, wie zum Beispiel in Landshut bei der ältesten Fleischbank, konnten bisher in Ingolstadt nicht nachgewiesen werden. Alle bekannten Gewerbebetriebe mit großem Wasserbedarf bezogen ihr Brauchwasser von der Schutter. Bislang ist lediglich ein gefasster Kanal in der Straße »Am Bachl« im Süden der Altstadt nahe der Donau archäologisch untersucht, der auf einen natürlichen Gewässerlauf zurückgeht. Seine Einbindung in die ehemalige Stadtbebauung ist jedoch unklar.

Ein wichtiger Faktor für den Zugang zum Wasser und bei der Abfallentsorgung war die Auffüllung der Auenbereiche zwischen der Kernstadt des 13. Jhs. und der Donau. Sie begann schon vor der ersten Stadterweiterung, wie der Bau des Spitals und die Ausgrabungen auf dem südlichen Rathausplatz zeigen. Eine besondere handwerkliche Komponente wie in Konstanz ist dort allenfalls durch zahlreiche Tierknochen, auch als Paternostererabfälle, erkennbar, Holz- und Lederreste sind in Ingolstadt generell spärlich erhalten und lassen, trotz der hier befindlichen Gerbereien, keine diesbezüglichen Aussagen zu.

Archäologische Nachweise zu den mittelalterlichen Straßenverläufen in der Ingolstädter Altstadt sind bislang selten. Am Rathausplatz dürften Fahrgeleise zur Nordsüdachse der Stadt gehören. Ansonsten ist nur erkennbar, dass das Straßennetz dem Verlauf der ersten Stadtumwehrung folgt, wie er aus den Stadtmodellen Jakob Sandtners der 1570er-Jahre herauslesbar ist. Der Verlauf der Befestigung ist allerdings bislang nur an einzelnen Stellen archäologisch bestätigt. Im Fahrbahnbereich der

Straßen sind in den vergangenen Jahren wiederholt Nutzungsspuren nachgewiesen worden, vor allem in Form von Erdöfen, und zwar in allen Bereichen der Kernstadt des 13. Jhs., etwa in der Schul-, der Schäffbräu- und in der Ludwigstraße, aber auch Pfostengruben, wie in der Flucht der Moritzstraße am Rathausplatz.

So dürften die alten Straßenmärkte an der großen Ostwestachse, heute Theresien- und Ludwigstraße, ihre volle Ausdehnung nicht von Anfang an besessen haben. Für den Salzmarkt südlich der Moritzkirche, heute Rathausplatz, ist das inzwischen nachgewiesen. Das nachträgliche Einfügen oder die Erweiterung von Flächen für Märkte in bestehenden Stadtstrukturen sind in Bayern beispielsweise aus Deggendorf oder Landshut, aber auch aus Köln oder Zürich bekannt. Gepflasterte Flächen sind bislang nur am Rathausplatz sicher belegt.

Die Entwicklung des spätmittelalterlichen Stadtbildes

Die Stadtmodelle Jakob Sandtners zeigen die Kernstadt von Ingolstadt mit einem regelmäßigen Straßennetz und entsprechender Parzellenstruktur um zwei sich fast rechtwinklig kreuzende Hauptstraßen innerhalb einer durch

ihre Ecktürme markierten Stadtumwehrung, die sich einem Rechteck annähert. Daher wurde die Stadt mit ihren typischen Straßenmärkten als gutes Beispiel einer Gründung durch die Wittelsbacher, ja als regelrechte Planstadt angesehen. Die erstmalige Nennung eines Bürgers 1252 und die Fertigstellung der ersten Schlossanlage, des Alten Schlosses, 1258, lieferten die zeitlichen Anhaltspunkte für den Abschluss dieser Entwicklung. 1312 wurde Ingolstadt das Stadtrecht bestätigt.

Heute ist bekannt, dass hinter der bis zu einem gewissen Grad recht einheitlichen baulichen Gestalt der mittelalterlichen Städte sehr individuelle Entwicklungen stehen. Das spätmittelalterliche Stadtbild ist stets das Ergebnis längerer Prozesse. In Ingolstadt ist das bis heute unmittelbar östlich der Moritzkirche sichtbar. Hier richten sich im Bereich des ehemaligen Zehenthofes Parzellenstruktur und Orientierung der Gebäude nicht an den sonst üblichen Baufluchten aus. Hier war auch keine geschlossene, frühe Besiedlung nachweisbar.

Die Entwicklung des Stadtbildes um den Rathausplatz konnte Markus Wolf anhand mehrerer Ausgrabungen nachvollziehen. Frühe Steingebäude waren nur mittelbar durch umgelagertes Baumaterial nachweisbar. Parzellengrenzen lassen sich erst im 14. Jh. fassen. In die-

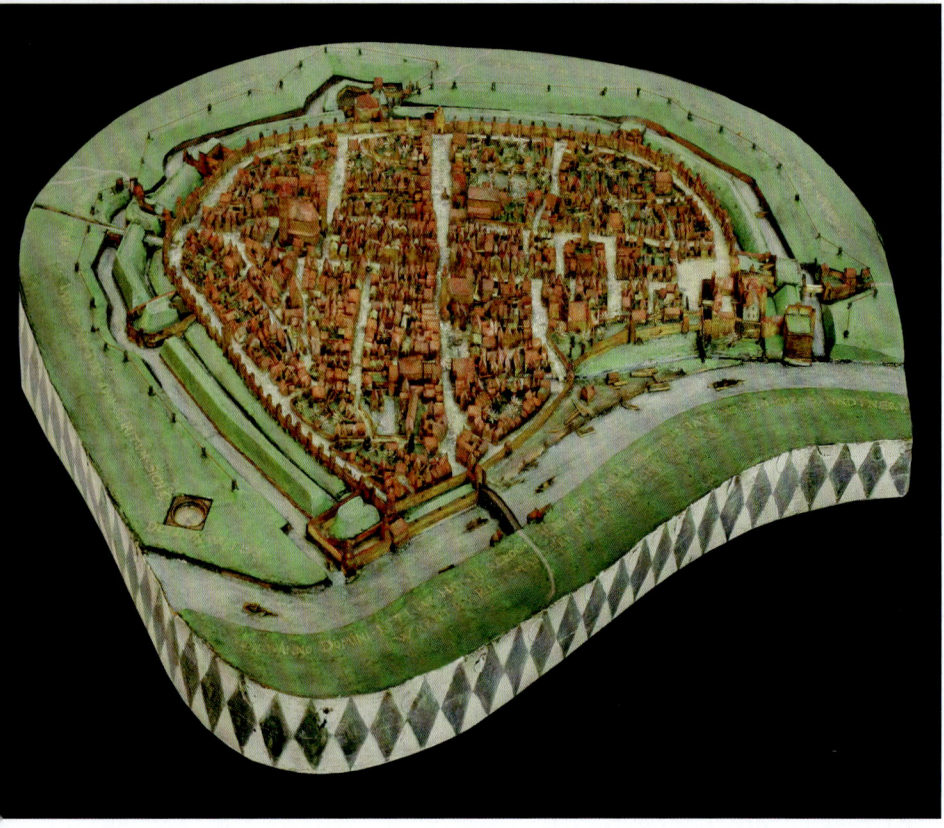

Kleines Sandtnermodell von 1571 im Stadtmuseum Ingolstadt.

Ausgrabungen vermutet worden, beispielsweise in der Theresien- oder in der Moritzstraße. Sie wurden bislang aber nie zwingend nachgewiesen, sodass es wohl in Ingolstadt keine entsprechende Bautradition gab, wie auch in München. In Ingolstadt sind jedoch frühe Steinhäuser durchaus historisch überliefert. Ihr fehlender Nachweis ist somit möglicherweise überlieferungsbedingt oder auf einen noch unzureichenden Forschungsstand zurückzuführen. Eine bislang als Malzdarre interpretierte, eingetiefte »Heizanlage« in der Mauthstraße könnte auch als Hinweis auf gehobene Wohnkultur im Zusammenhang mit Steingebäuden zu interpretieren sein, wie das für entsprechende Befunde in Regensburg vorgeschlagen wurde. Dies würde auch besser zum Umfeld des benachbarten Alten Schlosses passen.

Die Bürgerhäuser, die in den Sandtnermodellen dargestellt sind, gehören in eine spätere Phase der Stadtentwicklung. Insgesamt kann somit das Stadtbild der Sandtnermodelle nicht auf die Gründungszeit der Stadt Ingolstadt zurückprojiziert werden, was wohl auch bei den anderen Hauptstädten der Wittelsbacher München, Landshut, Straubing und Burghausen zutrifft.

Die Herrschaft

Auch wenn die Stadtgestalt Ingolstadts nicht von vornherein durch die Stadtgründer aus dem Hause Wittelsbach festgelegt worden war und sich in vieler Hinsicht erst im Laufe von zwei Jahrhunderten bis zum Erscheinungsbild der Sandtnermodelle entwickelte, so gibt es doch wichtige Komponenten, die sich schon im 13. Jh. nachweisen lassen.

Die Heranlegung des Stadtbachs Schutter an das Areal der Kernstadt des 13. Jhs. ist die erste Großbaumaßnahme Ingolstadts, die vor oder zusam-

sem Jahrhundert wandelte sich die ursprünglich flexible, vorwiegend in Holz umgesetzte Gebäudestruktur zu einer auf die Straßen ausgerichteten, dauerhaften Steinbebauung, wie wir sie heute kennen.

Die Baustrukturen frühstädtischer Parzellen sind in Süddeutschland generell anfangs nicht straßenseitig ausgerichtet, sondern die Gebäude verteilen sich auf den Parzellen. In Ingolstadt war das am deutlichsten auf dem Ingobräugelände an der Harderstraße erkennbar.

In Ulm setzen die straßenseitige Bebauung und die Errichtung von Steingebäuden bereits in der ersten Hälfte des 12. Jhs. ein. Ähnlich früh beginnt die »Versteinerung« wohl in Bamberg. In Kelheim oder Heidelberg dagegen wird die Holzbebauung auch erst im 14. Jh. ersetzt.

Die Bürgerhäuser sind somit in der Phase der Stadtgründung aus Holz errichtet und besitzen Erdkeller. Eine Art der Dachdeckung waren Jurakalkplatten, wofür es Hinweise sowohl im archäologischen Befund als auch in der schriftlichen Überlieferung gibt. Im benachbarten Kelheim ist diese Dachhaut, die typisch für die nahegelegene Altmühlalb ist, noch besser dokumentiert.

Massive Steingebäude wie Wohntürme, die sich anhand ihrer Mauerstärke identifizieren lassen und aus Regensburg oder Bad Reichenhall bekannt sind, sind in Ingolstadt wiederholt bei

Die Südostecke der Kernstadt des 13. Jhs. im Modell.

men mit dem Bau einer Donaubrücke spätestens in der ersten Hälfte des 13. Jhs. umgesetzt wurde. Beide Maßnahmen sind indirekt historisch belegt, durch die Nennung von Mühlen und eines Brückenzolls. 1234 wird die älteste Stadtpfarrkirche St. Moritz neu geweiht. Sie übertrifft in ihren Ausmaßen deutlich die im selben Zeitraum errichteten Gotteshäuser der Umgebung. Die frühe Festlegung der Fluchten von Gebäuden und Parzellen wurde bereits dargelegt. Damit ist die Rolle Ingolstadts als Zentralort im oberbayerischen Donauraum vorbereitet.

Die erste Stadtumwehrung weist mit ihrer Wallgrabenanlage sowie vier Türmen und vier Toren noch nicht auf eine herausgehobene Stadt der wittelsbachischen Herrschaft hin. Das Aussehen der Türme ist aus den Sandtnermodellen bekannt, das der Tore und der Mauer selbst jedoch nicht. Die archäologischen Befunde beim Alten Schloss legen es nahe, dass der Wallgrabenanlage keine Palisadenumwehrung vorausging, wie sie in Kelheim schon für das 12. Jh. oder in Herrieden für das Jahr 1214 nachgewiesen werden konnte.

Lediglich das zusammen mit der Stadtumwehrung errichtete »Alte Schloss«, das spätestens seit 1258 als Wechselresidenz der wittelsbachischen Landesherrschaft dient, hebt Ingolstadt unter den übrigen Landstädten heraus. Aber auch diese Anlage bleibt baulich weit hinter ihren Pendants in Landshut oder München zurück. Als wichtige Komponenten der neuen Stadt werden 1275 und 1276 die franziskanischen Ordensniederlassungen eingerichtet.

Mit dem Bau der besonders innovativen und vorbildlichen »100-türmigen« Stadtmauer ab 1361 wird Ingolstadt zu einem wehrhaften Ort von landesweiter Bedeutung am wichtigsten Donauübergang des Herzogtums Bayern. Seit dem 15. Jh. ist auch spezialisiertes Handwerk archäologisch nachweisbar, wobei die Metallfunde noch nicht ausreichend begutachtet sind.

Als Dauerresidenz der Wittelsbacher ab 1392 zieht Ingolstadt durch die Großbauten Herzog Ludwigs des Bärtigen, vor allem dem kathedralartigen Münster mit seiner Doppelturmfassade und dem Neuen Schloss, mit den anderen Residenzstädten der Wittelsbacher gleich und überflügelt sie womöglich zeitweise.

Zusammenfassung

Diese Ausführungen stützen sich weitgehend auf die Vorberichte der Ausgrabungen, nur ausnahmsweise auf weitergehende Grabungsauswertungen. Besonders wichtig sind die zeitnahe Begutachtung und Aufbereitung des Fundmaterials, das in Ingolstadt durch ehrenamtlich Tätige ermöglicht wird.

Es zeigt sich auch in Ingolstadt, dass vor allem durch den Vergleich mit anderen Städten die Stadtwerdung in ihrer Individualität begreifbar wird. Sie folgt in ihren einzelnen Facetten den gängigen Mustern der spätmittelalterlichen Stadtentwicklung in Süddeutschland. Ihr ganz eigener Werdegang trägt jedoch deutlich die Handschrift der Wittelsbacher. So kann im 13. Jh. aus einer Kleinsiedlung, einem Herrenhof, binnen kurzer Zeit eine Stadt entstehen, die im 15. Jh. zu einer Haupt- und Residenzstadt mit repräsentativem Bauprogramm wird. Münster, Neues Schloss und Stadtmauer zeugen in Ingolstadt noch heute von diesem hohen Anspruch.

Der Autor:
Dr. Gerd Riedel ist Leiter des Stadtmuseums im Zentrum Stadtgeschichte Ingolstadt und städtischer Archäologe

Literatur:
Stadtmuseum Ingolstadt (Hrsg.), Archäologie Aktuell – Ausgrabungen in Ingolstadt. Dokumentation zur Stadtgeschichte Band 10 (Ingolstadt 2016).

Jochen Haberstroh, Zur Archäologie mittelalterlicher Stadtgründungen in Bayern – Zentralort, Burg oder Stadt. Eine 'archäo-

Bildplatte mit Prophetendarstellung einer hochspezialisierten Hafnerei im Stadtmuseum Ingolstadt.

logische' Diskussion. In: Peter Wolf, Evamaria Brockhoff, Richard Fischer, Sarah Schormair, Marco Veronesi (Hrsg.), Stadt befreit. Wittelsbacher Gründungsstädte. Katalog der Bayerischen Landesausstellung 2020 (Regensburg 2020) 198–204.

Siegfried Hofmann, Stadtgeschichte Ingolstadts von den Anfängen bis 1505 (Ingolstadt 2000).

Bernd Päffgen, Das Städtewesen in Bayern um 1200 – Bemerkungen zum Forschungsstand vornehmlich in Altbayern und Schwaben. In: Karsten Igel, Michaela Jansen, Ralph Röber, Jonathan Scheschkewitz (Hrsg.), Wandel der Stadt um 1200. Die bauliche und gesellschaftliche Transformation der Stadt im Hochmittelalter. Materialhefte zur Archäologie in Baden-Württemberg Heft 96 (Stuttgart 2013) 149–177.

Gerd Riedel, Zentralfunktion ohne Zentralort. Das karolingische Kammergut Ingolstadt. In: Bayerische Vorgeschichtsblätter 87, 2022, 309–324.

Barbara Scholkmann, Fabian Brenker, Archäologie des Mittelalters in Baden-Württemberg (Wiesbaden 2023).

Straubinger Neustadt aus der Luft, 2014.

»Ebenso wurde im Jahr des Herrn 1218 das neue Straubing errichtet«

Von Dorit-Maria Krenn

Es fällt oft schwer, Besuchern Straubings zu erklären, dass der schöne historische Stadtkern, das Zentrum mit Stadtplatz und Stadtturm, die »Neustadt« ist und einen Kilometer östlich das ältere Straubing, die sogenannte »Altstadt«, liegt. Ursache für die »Begriffsverwirrung« ist ein Ereignis vor über 800 Jahren, das die Geschichte Straubings entscheidend beeinflusste: Der wittelsbachische Herzog Ludwig I. (1183–1231) gründete die »neue Stadt« Straubing.

Gründung der Neustadt Straubing

Die Wittelsbacher, denen der staufische Kaiser Friedrich Barbarossa 1180 das Herzogtum Bayern übertragen hatte, mussten sich als neue Herren behaupten. Gerade Ludwig I. der Kelheimer war es, der die Macht der Wittelsbacher, ihre Wirtschaftskraft und ihre militärische Stärke entscheidend erweitern konnte. Ein wichtiges Mittel hierzu war die Gründung von Städten.

Sein Vater Otto setzte mit Kelheim 1183 einen Anfangspunkt, Ludwig folgte mit Landshut 1204, Straubing 1218, Landau a. d. Isar 1224 und Cham um 1230.

Straubing war für die Wittelsbacher aus wirtschaftlichen und strategischen Gründen interessant. Das Umland war äußerst fruchtbar, die Landwirtschaft entwickelt, die Infrastruktur ausgezeichnet, die Kontrolle über den Kreuzungspunkt der europäischen Fernwege Ost-West und Süd-Nord militärisch wichtig und zugleich ergiebig an Zöllen und Maut, die Donau wichtiger Verkehrs- und Transportweg. Politisch war Straubing als »Gegen-Stadt« (Alois Schmid) motiviert. Der Herzog konnte hier einen Stützpunkt gegen Regensburg im Westen aufbauen, sowohl gegen deren selbstbewusste Bürgerschaft als auch gegen die Machtansprüche des Bischofs. Straubing bot zudem nach Osten eine Absicherung gegen die mächtige Herrschaft der Grafen von Bogen und vermutlich auch einen nahen Zugriffsort auf ein mögliches Erbe. Denn Ludwig hatte 1204 Ludmilla von Böhmen, die

Witwe des Grafen Albert III. von Bogen, geheiratet. Von deren drei Söhnen war Luitpold Geistlicher, Berthold III. starb im August 1218 auf einem Kreuzzug im Heiligen Land und Albert IV. war noch kinderlos. Die Gründung Straubings war demnach ein »unübersehbares Fanal der landesherrlichen Macht Ludwigs« (Gabriele Schüttler-Schindler).

Die günstige Lage Straubings war Ludwig sogar so wichtig, dass er hier eine Stadt gründete, obwohl der Grund und Boden nicht ihm, sondern dem Augsburger Domkapitel gehörte: Bischof Bruno von Augsburg, ein Abkömmling des salischen Kaiserhauses, hatte seinen Domherren 1029 die ehemalige »curtis regia Strupinga«, den 897 erstmals urkundlich erwähnten sächsisch-salischen Königshof Straubing, vermacht. Ludwig gründete seine Stadt nun aber nicht auf dem Gebiet des alten »Strupinga«, dieser Siedlung mit bedeutender keltischer, römischer und frühbairischer Vergangenheit, der ein bajuwarischer Stammesführer mit wirren, hochstehenden, »strubbeligen« Haaren seinen Namen *Strupo* hinterlassen hatte und die das

Wittelsbacherherzog und Stadtgründer Ludwig I. (1174–1231) und seine Ehefrau Ludmilla von Bogen (um 1170–1240), Stifterfiguren in der Afra-Kapelle des Klosters Seligenthal, geschnitzt um 1330.

Stadtmodell von Jakob Sandtner im Bayerischen Nationalmuseum, 1568. Ansicht von Norden.

Augsburger Domkapitel zum zentralen Verwaltungs- und Marktort seiner Ländereien erwählt hatte.

Er gründete das neue Straubing etwa einen Kilometer weiter westlich auf einer hochwassersicheren Plattform über der Donauniederung, von der man auch eine bessere Kontrolle über die Fernwege und den Donauübergang hatte. Vermutlich wurde am gewählten Platz bereits seit dem 12. Jh. der große Jahrmarkt *Strupingas*, die »St.-Peters-Dult«, abgehalten. Der Herzog wollte offenbar einen bewussten Neugründungsakt »seiner« Stadt, die einen wichtigen Baustein in der Ausdehnung und Sicherung wittelsbachischer Herrschaft bilden sollte. Damit war auch das »Machtdreieck« grundgelegt, das die Entwicklung der Stadt in den nächsten Jahrhunderten prägte: der Wittelsbacherherzog als Landes- und Stadtherr, das Augsburger Domkapitel als Grundherr und dazwischen die Bürger mit ihrem Streben nach Selbstverwaltung – bis zum Jahr 1535, als die bayerischen Herzöge dem Domkapitel ihre Rechte abkauften und ein Jahr später an die Stadtgemeinde weiterveräußerten. Die drei Kräfte spiegelt auch das Stadtwappen aus der Zeit um 1270/1280 wider: Die beiden weiß-blauen Rautenschilde

symbolisieren die Wittelsbacher, der Pflug in der Mitte steht für die Bürgergemeinde und die Lilie ist das Zeichen des Augsburger Domkapitels.

Schriftliche Zeugnisse für die frühe Zeit Straubings fehlen weitgehend. Auch eine Stadtgründungsurkunde ist nicht überliefert. Unsere Gewährsträger für das Gründungsdatum Straubings sind zwei klösterliche Handschriften: Fast ein Zeitzeuge ist Abt Hermann von Niederaltaich (um 1200–1275), der 1250 begann, bedeutsame Ereignisse der deutschen und bayerischen Geschichte zusammenzustellen. Unter dem Jahr 1218 notierte er: »… *Lvdwicus dux oppidum in Strvbing construere cepit*« – »… Herzog Ludwig begann die Stadt in Straubing zu errichten«. Die *Annales Altahenses* werden heute in der Österreichischen Nationalbibliothek aufbewahrt. Ein Chorbuch aus dem Kloster Windberg, in das im 13. und 14. Jh. historische Notizen eingetragen wurden und das heute in der Bayerischen Staatsbibliothek München liegt, überliefert: »*Item anno Domini MCCXVIII constructa est nova Strubinga*« – »Ebenso wurde im Jahr des Herrn 1218 das neue Straubing errichtet«. Diese Quelle erzählt u. a. auch von einem großen Stadtbrand 1288 und vom Beginn des Stadtturmbaues im Jahr 1316. Die Glaubwürdigkeit der Windberger Ein-

Stadtsiegel an einer Urkunde von 1380.

träge haben nicht zuletzt die bautechnischen und dendrochronologischen Untersuchungen anlässlich der Renovierung des Stadtturmes 1991 erwiesen.

Bauliche Entwicklung

Alt-Straubing war eine Siedlung, die für den umfangreichen Besitz des Augsburger Domkapitels in dieser Region geistlicher, wirtschaftlicher und verwaltungsmäßiger Mittelpunkt geworden war und dadurch »präurbanen« Charakter gewonnen hatte. *Strupinga* verfügte hierbei, über einen Markt hinausgehend, bereits über ein gewisses Befestigungssystem mit Trockenmauern, Mauerwerken aus Natursteinen, Erdwällen und Gräben. Dies erwiesen archäologische Funde, die wenigstens in das 10. Jh. zurückreichen. Mit der

Steinmauerecke (Befund 62/63) des ältesten am Pfarrplatzareal ergrabenen Hauses, 1. Hälfte 13. Jh.

Töpfe, vermutlich Kochtöpfe, aus der 1. Hälfte des 13. Jhs., gefunden auf dem Pfarrplatzareal.

Gründung der neuen Stadt Straubing entstand nun ein eigener, baulich geordneter und geschlossener, befestigter Rechts-, Gerichts- und Marktbezirk, in dem sich eine bürgerliche Selbstverwaltung entwickeln konnte.

Die baulichen Anfänge der Neustadt wurden hierbei mit einem zunächst noch »ungeordneten« lockeren Siedlungskern bei der spätgotischen, auf einem Vorgängerbau beruhenden Kirche St. Jakob, also im nordwestlichen Viertel, vermutet. Bei Grabungen der Jahre 1995/1996, 2013 und 2020 bis 2022 auf einem großen Gelände beim Pfarrplatz bestätigte sich diese These. Es wurden Gruben, fünf Häuser, eine Latrine und ein Brunnen freigelegt. Mauerreste aus

grob behauenen Sandsteinen, wahrscheinlich aus dem nahen Steinbruch bei Münster (Gde. Steinach) stammend, verfüllt mit ockerfarbenem Kies-Sand-Lehm-Gemisch, führen in die erste Hälfte des 13. Jhs. Auch die gefundene, eher grobe Gebrauchskeramik wie Töpfe und Deckeln, Glutschalen, Schüsseln, Tüllengefäße, Aquamaniles und Becherkacheln, zumeist aus der gleichen Werkstatt stammend, ist dieser Zeit zuzuordnen und passt zur Stadtgründung 1218: »Der Bereich am Pfarrplatz wurde kurz nach 1218 bebaut.« (Ildikó Bösze/Ralph Hempelmann).

Auch die Annahme, dass sich in dieser Gegend die erste Burg der Wittelsbacher Herzöge befunden habe, u. a. durch den Straßennamen »In der Bürg« begründet, bestätigte sich 2012 durch eine bauhistorische Untersuchung des sogenannten »Dechanthofs«, unweit des Pfarrplatzes Richtung Westen. Das Gebäude enthält einen in die frühe Phase der Stadtgründung zurückgehenden »massiven Kernbau«, wohl Fragment eines Wohnturms, aus »Bruchsteinmauerwerk« (Monika Dietrich) und wird zudem in frühen schriftlichen Quellen als Herzogsbesitz ausgewiesen. Noch nicht ausgewertete Grabungen durch die Stadtarchäologie während der Restaurierung des Rathauses, das 2016 durch einen Brand stark beschädigt wurde und an der Südostecke dieses Viertels liegt,

Stadtturm mit gotischer Hallenkirche St. Jakob im Hintergrund und einem der für Straubing typischen spätgotischen Speichergiebel im Vordergrund.

deuten ebenfalls in die frühe Phase der Stadtwerdung.

Die Bebauung breitete sich vom Nordwestquartier dann relativ rasch nach einem »planerischen Willen« (Werner Schäfer) aus. Der neue, großzügige, 600 Meter lange Straßenmarkt war eine Verbreiterung des west-östlichen Fernweges, um den Kaufleute und herzogliche und domkapitelsche Beamte leicht bogenförmig ihre Häuser bauten. Die wichtige Fernstraße von München über Landshut nach Böhmen kreuzte den Stadtplatz in der Mitte und teilte die rechteckig angelegte Neustadt in fast gleichmäßige, dicht bebaute Viertel. Diese wurden, charakteristisch für den Städtebau des 13. Jhs., in einem Rippensystem durch Nebengassen aufgeschlossen, die wiederum in entlang der Stadtbefestigung laufende Straßen münden.

Die Verteidigung des Burgfriedens, die Sicherheit des Handels und die Rolle als landesherrlicher Herrschaftsstützpunkt erforderten eine Befestigung der Stadt. Die Neustadt war zunächst wohl nur von hölzernen Palisaden und Erdwällen umgeben, die dann von steinernen Befestigungen mit Toren und Türmen abgelöst wurden. Westlich der Neustadt lassen sich Produktionsstätten für Ziegel nachweisen. Auf Befehl Herzog Albrechts IV.

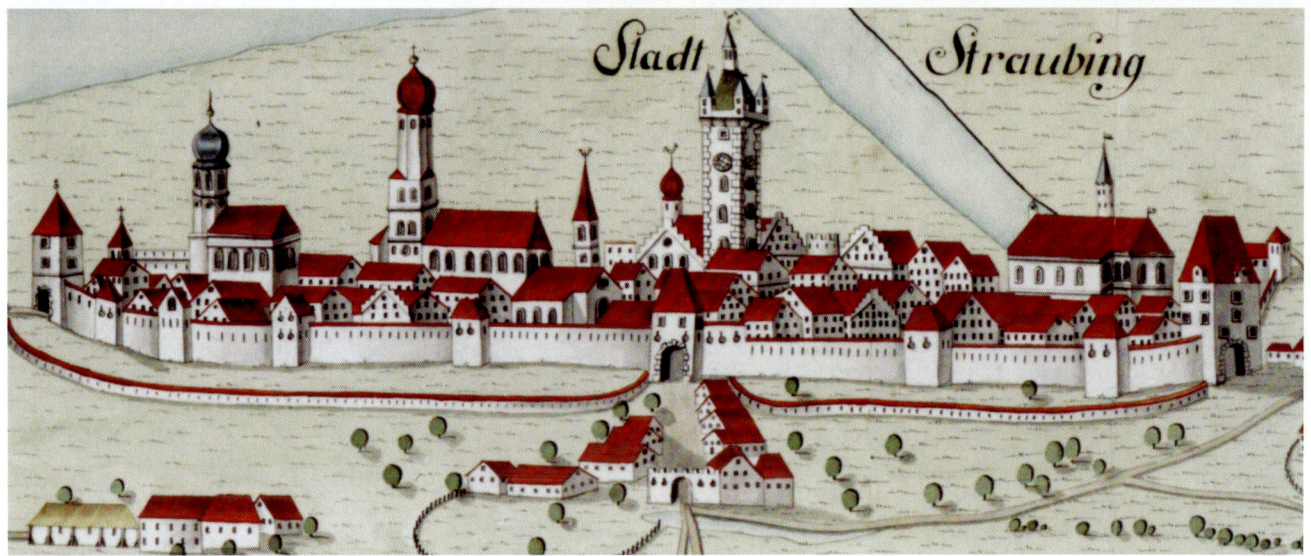

Stadtansicht von Süden, Burgfriedensplan von Michael Eresinger, 1609.

wurde ab 1474 die Stadtbefestigung verbessert und erweitert. Im Westen und Norden der Stadt ist dieser zweite Bering mit einigen Türmen wie dem Weyter-, Pulver- und Agnes-Bernauer-Turm sowie dem Spitaltor noch erhalten. Damals leitete man auch die Donau als natürlichen Schutz in einer gewaltigen Baumaßnahme näher zur Stadt heran.

1316 begannen die Bürger in der Mitte des Stadtplatzes einen Wachturm vor Feuer und Feind zu errichten. In seiner mächtigen Ausführung demonstriert er das Selbstbewusstsein der Bürgerschaft und ist bis heute Wahrzeichen der Stadt. Wohl erst nach den großen Bränden des 13. und 14. Jhs. entstanden die für Straubing typischen, stattlichen, breit gelagerten, oft sehr hohen, backsteinernen Bürgerhäuser. Es entwickelten sich Handwerkerviertel und -gassen, die Fischer und Gerber zum Beispiel lebten »Unterm Rain«. Ein ghettoartiger Judenbezirk bildete sich in der heutigen Rosengasse heraus.

Einwohnerzahlen der Neustadt sind für die frühe Zeit nicht bekannt; aus dem ältesten Steuerbuch, das im Straubinger Stadtarchiv liegt, lassen sich für das Jahr 1462 etwa 800 Anwesen mit 3500 bis 4000 Einwohnern errechnen. Das hölzerne Stadtmodell des Straubinger Drechslermeisters Jakob Sandtner, im Bayerischen Nationalmuseum zu besichtigen, hält das Ergebnis der spätmittelalterlichen Stadtentwicklung, wie es sich 1568 zeigte, fest.

Regierungs- und Residenzstadt

Straubing wurde von seinem Gründer Ludwig sehr gefördert. Bereits 1225 hielt er hier einen Landtag ab, 1228 feierte er mit vielen Gästen den Ritterschlag seines Sohnes Otto. Dies setzte eine gewisse Funktionsfähigkeit der städtischen Strukturen voraus, die »Bewirtung, Unterbringung, Unterhaltung und Betreuung einer feiernden höfischen Gesellschaft« gewährleistete (Gabriele Schüttler-Schindler). Straubing entwickelte sich zwar nicht zu einer Fernhandelsstadt mit internationalen Wirtschaftsbeziehungen, wie es zum Beispiel Regensburg war, die Stadt wurde aber für das weite Umland zentraler Markt-, Handels- und Verwaltungsort. Als 1255 bei der ersten bayerischen Landesteilung das Herzogtum Niederbayern entstand, bestimmte Herzog Heinrich XIII. Straubing zum Sitz seines Stellvertreters, des »Viztums«. Dieser war als militärischer Befehlshaber, als oberster Richter und »Finanzbeamter« für das Gebiet von Abbach über Landau bis Vilshofen und hinein in den Bayerischen Wald nach Waldmünchen, Eschlkam, Cham verantwortlich. Straubing war somit »Regierungsstadt«. Und 1353 mit der Entstehung des Herzogtums Bayern-Straubing-Holland erhielt Straubing auch den Rang einer herzoglichen Residenzstadt, den es bis zum Aussterben dieser wittelsbachischen Linie im Jahr 1425 beibehielt. Die Zeit des Herzogtums, eine wirtschaftlich, politisch und kulturell blühende Periode, prägt mit seinen damals entstehenden Baudenkmälern wie dem neuen Herzogsschloss, dem Karmelitenkloster samt Kirche, den Kirchen St. Jakob und St. Veit das Gesicht Straubings bis heute.

Die Autorin:

Dr. Dorit-Maria Krenn ist Historikerin und war von 1991 bis 2024 Leiterin des Stadtarchivs Straubing.

Literatur:

Ildikó Bösze/Ralph Hempelmann, Die älteren mittelalterlichen Bauphasen der Grabungen am Pfarrplatz in Straubing, Manuskript 2025.

Achim Hubel, Die Stadtgründungen der Wittelsbacher im 13. und 14. Jahrhundert. Stadtgestalt und Stadtbaukunst, in: Stadt befreit. Wittelsbacher Gründerstädte, Katalog zur Bayerischen Landesausstellung 2020, Augsburg 2020, S. 174–185.

Pielmeier Architekten, Zs.fassung der Voruntersuchung In der Bürg 18 (mit Bauforschung Monika Dietrich und Archivalienrecherche Ludger Drost), Straubing 2012.

Werner Schäfer, Die Gründung der Neustadt Straubing im Jahr 1218, in: Der Bayerwald 2/2018, S. 68–75.

Alois Schmid, Die Anfänge der Wittelsbacher Stadt Straubing, in: Zeitschrift für bayerische Landesgeschichte Bd. 82 Heft 1, München 2019, S. 1–41.

Gabriele Schüttler-Schindler, Ludwig I. und die Grafen von Bogen, Vortrag beim Historischen Verein für Straubing und Umgebung am 27. März 2025.

Dingolfing-Wollanger. Ofenbefund des 13. Jhs. einer unmittelbar außerhalb der Stadtbefestigung gelegenen Siedlung.

Auf der Suche nach der Gründungsstadt

Stadtarchäologie in Dingolfing und Landau a. d. Isar

Von Florian Eibl

Wie auch im übrigen Niederbayern basierte Stadtgeschichte im Landkreis Dingolfing-Landau bis weit in die zweite Hälfte des 20. Jhs. nur auf geschriebenen Quellen. Dabei verdichtet sich deren Bestand außerhalb kirchlicher und weltlicher Zentralorte erst zum Ende des Mittelalters hin. Entsprechend dünn war lange Zeit die Quellenlage. Archäologische Befunde und Funde sind so für die Zeit der wittelsbachischen Stadtgründungen am Ende des hohen Mittelalters nicht nur historische Quellen ersten Ranges, sondern zu vielen Fragestellungen auch die einzigen.

Dingolfing

Dingolfing wird bereits im 8. Jh. und nochmals im 10. Jh. als Synodalort genannt und ist dadurch als Zentralort des frühen Mittelalters belegt. Herzoglicher bzw. später königlicher Fiskalbesitz ist hier eindeutig fassbar.

Die Besitzverhältnisse im Dingolfinger Raum führen nach dem Tod des letzten Grafen von Frontenhausen im Jahre 1226 zur teils auch militärisch aus-

getragenen Eskalation des Konfliktes zwischen dem Bischof von Regensburg, dem Erbe des Frontenhausener Besitzes, und dem bayerischen Herzog. Die von Abt Hermann von Niederaltaich für das Jahr 1251 angeführte »Erbauung« von Burg und Stadt Dingolfing durch Otto den Erlauchten ist eine direkte Reaktion auf diese Ereignisse. Unklar bleibt in den schriftlichen Quellen, welche Siedlungsteile älteren Ursprungs sind.

Für beide Städte bislang ungelöst ist die Frage, welche Teile der späteren Stadtbefestigung bereits zur Zeit der Stadtgründung in Angriff genommen und wann diese fertiggestellt wurden. Tatsächlich erscheint es vorstellbar, dass die zur Stadtgründungszeit begonnene Befestigung in vielen Bereichen lange Zeit als Provisorium existierte und nur einige Elemente wie Stadttore sowie fortifikatorisch besonders wichtige bzw. repräsentative Abschnitte vergleichsweise zeitnah fertiggestellt wurden. In-

Dingolfing-Finanzamtsgarten. Figural gestaltete Deckelhandhabe (Höhe 4,6 cm). 2. Hälfte 13. Jh./um 1300.

dizien zu einer präurbanen Fortifikation aus Holz und Erde, wie sie sich in Dingolfing in den Befunden am Steinweg andeuten, fehlen aus Landau.

Landau a. d. Isar

Auch in Landau a. d. Isar ist der Gewährsmann für die Stadtgründung Abt Hermann von Niederaltaich. In seinen Annalen findet sich für das Jahr 1224 der Eintrag, dass die Stadt Landau von Herzog Ludwig von Bayern gebaut wurde. Anders als in Dingolfing verfügte der Herzog hier erst seit Kurzem über umfangreichen Grundbesitz, der aus dem um 1205 durch den Tod des letzten Zulling-Ellenbrechtskircheners ausgelösten Rückfall von Güterbesitz an Herzog Ludwig stammte.

Anders als gelegentlich angenommen, ist das ebenfalls hochadelige Geschlecht der Ahausener noch Jahrzehnte nach 1224 nachweisbar. Die am nordöstlichen Rand der Altstadt von Landau gelegene Burg Ahausen ging noch im 13. Jh. in das Eigentum der Wittelsbacher über. Bis zu ihrer Zerstörung im Landshuter Erbfolgekrieg im Jahre 1504 wurde sie von den Wittelsbachern als Verwaltungssitz und »Schloss« weiter genutzt und modernisiert. Aus der

Mit der für die Zeit typischen Anlage als nahezu quadratisches »Schachbrett« blieben die ältesten Teile Kelheims »auf der Strecke«. Das westliche Oberkelheim und Teile Gmünds mit dem Niederdörfl finden sich nun plötzlich außerhalb der Stadtbefestigung.

Den Alten Markt hat man dagegen (leicht schief) in die Neuanlage integriert. Er war sicherlich aus ökonomischer Sicht zu wichtig und daher schützenswert. Allerdings verlor er den direkten Zugang zum Fluss. Das alte Donautor wurde unter Otto II. nun zur Sühnekapelle St. Johannis umgebaut und links und rechts mit einem Armen- bzw. Reichenspital flankiert.

Die Burg auf dem Wöhrd, nun ebenfalls »ab vom Schuss«, wird in der kommenden Zeit zwar weiterhin in Stein aus- und umgebaut, jedoch in der Größe erheblich reduziert. Lief ursprünglich die Donaubrücke direkt auf die Befestigung, geht sie nun nur noch westlich

an ihr vorbei. Im späten 15. Jh. wird sie teils abgebrochen und zum heute erhaltenen Pflegschloss umgebaut, der Grundriss der Stadtanlage hat sich dagegen im Wesentlichen bis heute nicht mehr verändert.

Der Autor:

Dr. Bernd Sorcan ist Leiter des Archäologischen Museums der Stadt Kelheim.

Literatur:
Rainer Christlein, Die Anfänge der Wittelsbacher Herzogsburg zu Kelheim. Beilage z. Amtl. Schulanzeiger f.d. Reg.Bez. Niederby. 5, 1975, 49ff.

Bernd Engelhardt, Ausgrabungen am Main-Donau-Kanal. Archäologie und Geschichte im Herzen Bayerns, 1987.
Rudibert Ettelt, Geschichte der Stadt Kelheim. Von der Stadtgründung bis zum Ende des 18. Jahrhunderts. 1983.

Urkataster Kelheim, 1817.

Ingrid Burger, Stadt am Fluss im Archäologischen Museum. Stadtgeschichtliche Abteilung, 1995.

1231: Herzogsmord auf der Kelheimer Donaubrücke

Warum und von wem Herzog Ludwig I. am 15. September 1231 auf der Brücke zwischen dem Wöhrd und dem (Alten) Markt in Kelheim ermordet wurde, wird man wohl nie mit Sicherheit bestimmen können. Denn der Mörder, welcher den Herzog erstach, wurde von den Umstehenden sofort umgebracht. Aber schon die Zeitgenossen vermuteten, dass Ludwig von einem seiner vielen Feinde – insbesondere dem Stauferkaiser Friedrich II. – ein »Auftragskiller« geschickt wurde. Interessanterweise gibt es mehrere zeitgenössische Quellen, welche den Mörder für einen Assassinen halten, jene berüchtigte muslimische Sekte des »Alten vom Berge« in Persien, die nachweislich Attentate im Orient verübte. Aber ob diese Zuschreibung mehr als nur eine Unterstellung ist, da man dem

von Muslimen umgebenen »toleranten« Stauferkaiser alles zutraute, sei dahingestellt (zu den Quellen: *Sigmund von Riezler, Geschichte Baierns, Bd. 2, 1880, S. 59 ff.*).   *rg*

Die Ermordung Herzog Ludwig I. durch einen Unbekannten auf der Brücke über die Kleine Donau hat ihm den Beinamen »der Kelheimer« eingebracht. Böse Zungen in Kelheim behaupten, dass der Attentäter ein Landshuter gewesen sein muss, weil Kelheim nach der Ermordung seinen Status an Landshut verlor. (Noch bösere Zungen sagen gar, dass es ein Münchner war, weil die damals schon wussten, dass aus Landshut auch nichts Vernünftiges wird!)

Bernd Sorcan

Von Ludwigs Sohn Otto wurde am Ort der Tat eine Sühnekirche errichtet, heute Ottokapelle genannt.

Aichach – die »Wiege der Wittelsbacher«

Von Emanuel Schormair

Während des 13. Jhs. gründeten die Wittelsbacher Herzöge im Zuge einer gezielten Städtepolitik den Großteil der Städte und Märkte, die von nun an das Land gliedern sollten. Sie erschlossen das Herzogtum wirtschaftlich und administrativ und führten letzten Endes zu einem klar organisierten Territorialstaat. Damit übernahmen Städte nun auch zentralörtliche Funktionen, die bislang bei den Burgen lagen. In besonderer Weise gilt dies für Aichach, dessen Stadtwerdung sich in unmittelbarer Nähe zur ehemaligen Stammburg der Wittelsbacher vollzog. Nach ihrer Burg in Oberwittelsbach hatte sich das spätere Herrscher-

geschlecht seit 1115 benannt. Heute bezeichnet sich die Stadt Aichach stolz als »Wiege der Wittelsbacher«. Der Legende nach soll Aichach aus den Steinen der zerstörten Burg Wittelsbach errichtet worden sein.

Das Jahr 1209 brachte für die Burg sowie für die nahegelegene Siedlung Aichach einen radikalen Wandel. Was war geschehen? Der Wittelsbacher Pfalzgraf Otto VIII. hatte 1208 in Bamberg den König des Heiligen Römischen Reiches, Philipp von Schwaben, ermordet. Das brachte ihm nicht nur die Reichsacht und den Tod, sein Verwandter, der bayerische Herzog Ludwig I., ließ auch seine Burg schleifen. Der Wegfall der Burg als Zentralort dürfte schnell zu Überlegungen geführt haben, die bereits bestehende und nur 3 km entfernte Marktsiedlung Aichach zum neuen Verwaltungssitz im Lech-Donau-Winkel auszubauen, denn sie lag verkehrsgünstig an den Handelsstraßen Augsburg-Regensburg und München-Donauwörth. Beide Verkehrswege querten hier die Flüsse Ecknach und die bei Ingolstadt in die Donau mündende Paar mittels Furten und Brücken. Vor allem entlang der Paar wurden mehrere frühmittelalterliche Mühlen nachgewiesen.

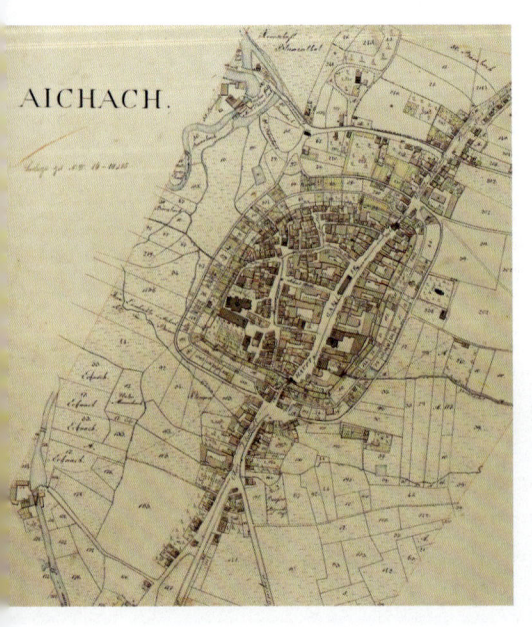

Auf dem Stadtgrundriss von Aichach von 1813 ist noch deutlich der mittelalterliche Stadtkern zu erkennen.

Aichach von Westen mit Blick nach Oberwittelsbach. Kolorierte Lithographie von Carl August Lebschée, um 1834.

Wurde Aichach also im Jahr 1209 gegründet? In den Urkunden ist kein Gründungsdatum zu finden. Man spricht eher vom Beginn des Prozesses der Stadtwerdung, der vor allem unter Herzog Otto II. konkreter wurde.

Die Ursprünge der Siedlung reichen aber weiter zurück: Der Ort *Eyhach*, »der Ort am Eichenwald«, wird erstmals um das Jahr 1100 genannt. Im ersten Herzogsurbar (1231–1234) wird dann ein Kastenamt in Aichach erwähnt. Eine Urkunde aus dem Jahr 1235 berichtet, dass die Äbtissin des Klosters Kühbach das Recht hatte, Leibeigene aus einer nicht namentlich genannten Stadt zurückzuholen. Könnte damit schon das ca. 6 km entfernt gelegene Aichach gemeint sein? War es das Ziel von Leibeigenen, die nach dem Grundsatz »Stadtluft macht frei« in der Stadt die Freiheit suchten?

Im Lauf des 13. Jhs. treten in Aichach die typischen Merkmale einer mittelalterlichen Stadt deutlich zutage. So werden die ersten Bürger ab 1291 genannt und das älteste erhaltene Siegel ist ab 1293 nachgewiesen. Eine Stadtmauer ist urkundlich erst 1331 belegt. Archäologische Befunde weisen allerdings da-

Li.: Aichach um 1590, Fresko von Hans Donauer im Antiquarium der Münchner Residenz. Die Werke Donauers gelten als die ersten topografisch korrekten Stadtansichten in Bayern. Re.: Aichach aus der Luft, 2018.

rauf hin, dass der Ort schon vorher über eine Befestigung in Form eines Spitzgrabens mit Wall und Palisade verfügte. Im frühen 15. Jh. wurde die Stadtbefestigung durch den Ingolstädter Herzog Ludwig im Barte durch einen zweiten Stadtgraben verstärkt.

Ebenfalls zur Stadt gehörten die Obere und Untere Vorstadt, die außerhalb der Stadtbefestigung lagen. Im Gegensatz zu anderen Städten gab es in Aichach nie Bestrebungen, den Mauerring zu erweitern und somit die Vorstädte zu schützen. Es macht den Eindruck, als wäre die Stadt zu klein geplant gewesen. Das könnte auf eine frühe Gründung in den 1230er-Jahren und zudem ein ungeahnt starkes Siedlungswachstum hindeuten.

Auffällig ist die Lage der Stadtpfarrkirche am westlichen Rande der Altstadt. Hier und im Bereich der angrenzenden Botengasse werden die ältesten Siedlungskerne angenommen. Die unregelmäßige Bebauung und Straßenführung dieser Gebiete belegen, dass Aichach nicht als Planstadt auf der grünen Wiese gegründet wurde. Die Wittelsbacher griffen auf eine bestehende Siedlung zurück. Auf einen weiteren Siedlungskern im östlichen Teil der Altstadt deuten die Befunde und Funde einer archäologischen Grabung am Tandlmarkt hin. Auf

der gesamten Grabungsfläche konnte eine Kulturschicht mit Fundmaterial des 12./13. Jhs. dokumentiert werden. Ebenso wurden Reste einer Holzbauphase mit einer Parzellenbegrenzung, die in das 12. Jh. zurückdatiert, nachgewiesen. Bisher galt der östliche Teil der Altstadt mit dem heute noch das Stadtbild prägenden zentralen Straßenmarkt eher als spätmittelalterliche Stadterweiterung. Die Grabung zeigt allerdings, dass die Stadterweiterung durchaus schon im Hochmittelalter erfolgt sein könnte.

Bis heute ist der mittelalterliche Grundriss im Stadtbild gut erkennbar. Ein Blick auf die Urkatasteraufnahme von 1813 zeigt deutlich die beiden Handelsstraßen, die Vorstädte und den für Wittelsbacher Stadtgründungen typischen breiten Straßenmarkt mit dem zentral gelegenen Rathaus. Auch der Verlauf der Stadtmauer und -gräben lässt sich noch gut nachvollziehen.

Aichach ist damit ein typisches Beispiel für das Entstehen der Städtelandschaft im Herzogtum Bayern während des 13. Jhs. Es zeigt dabei deutlich, wie das Prinzip »Stadt« die Burgen als Zentralorte verdrängte – auch und gerade im direkten Umfeld der namengebenden Stammburg der Wittelsbacher.

Der Autor:

Emanuel Schormair studierte Vor- und Frühgeschichtliche Archäologie, Provinzialrömische Archäologie und Bayerische Landesgeschichte an der LMU München. Seit Juni 2023 ist er bei den Museen der Stadt Aichach für die Bildung und Vermittlung verantwortlich.

Literaturtipp: Wer mehr zur Geschichte Aichachs erfahren möchte, kann ab Sommer das neue Buch »Aichach - Geschichte einer Stadt in Bayern« beim Pustet-Verlag erwerben.

Der Kupferstich von Matthäus Merian d. Ä. von 1644 zeigt deutlich die Bresche in der Stadtmauer und die zerstörte Obere Vorstadt.

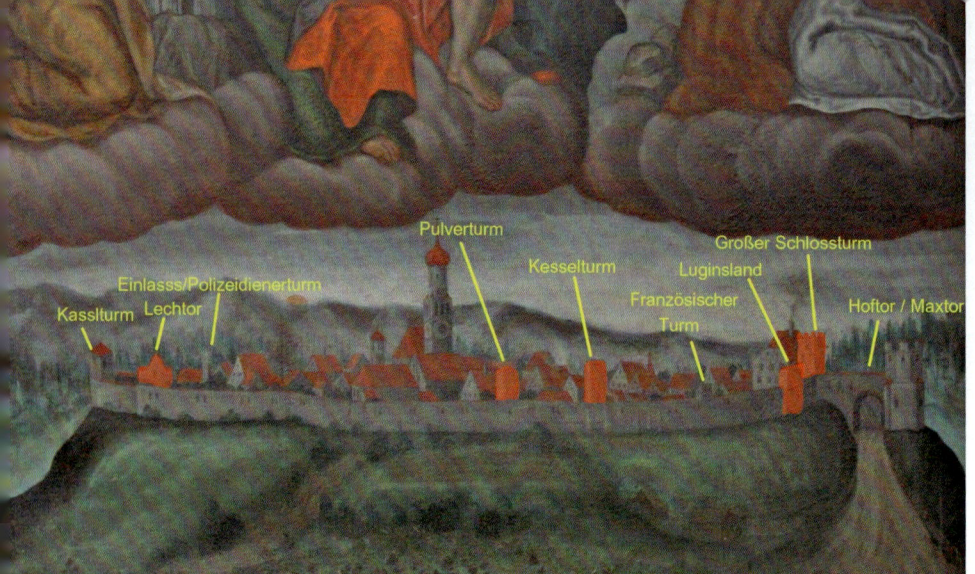

Kasslturm Einlass/Polizeidienerturm Lechtor Pulverturm Kesselturm Großer Schlossturm Luginsland Französischer Turm Hoftor / Maxtor

Schongau, Stadtansicht von Norden um 1650. Orangefarben: Verluste. Gemälde in der Stadtpfarrkirche Schongau.

Schongau – *gar herrenmäßig aufferbaut mit Maurn und Thürm*

Von Joachim Zeune

Der Ursprung der Stadt Schongau (Oberbayern) findet sich einige Kilometer nordwestlich im Umfeld der romanischen Basilika von Altenstadt, wo das bayerische Herzogsgeschlecht der Welfen neben der Kirche und einer weitgehend verschwundenen Burg eine kleine Siedlung unterhielt. Nachdem diese nach 1191 mit der Erbmasse des verstorbenen Welf VI. an das Herrschafts-

Schongau, Lechtor. Rekonstruktionsskizze nach historischen Vorlagen und Analogien, feldseitige Ansicht, um 1430.

haus der Staufer übergingen, verlagerten letztere den Ort kurz nach 1200 an den heutigen Standort über dem Lech, den sie in verkehrsstrategischer und fortifikatorischer Hinsicht als vorteilhafter einschätzen. Nach dem Tod des letzten Staufers Konradin kam Schongau 1269 auf dem Pfandweg an das bayerische Herzogshaus der Wittelsbacher.

Der neu gegründete Ort saß hoch über einer Schleife des Flusses Lech auf einem nach drei Seiten steil abfallenden Umlaufberg aus Lechkies, kontrollierte zwei wichtige Altwege sowie einen Lechübergang und besaß offenbar sofort einen Stadtstatus, wodurch das alte Schongau zu Altenstadt (=Alt-Schongau) wurde. Verbunden mit dem Stadtstatus erhielt der Ort eine 1,6 km lange Ummauerung mit alternierenden Reihungen von gut gearbeiteten Tuffquadern und Bachkatzen, die neuen Erkenntnissen zufolge in 4,5 m Höhe mit einem offenen Zinnenkranz abschloss, der später zweimal überbaut wurde. Der gefährdeten Nordseite war ein Graben vorgelagert, alle anderen Seiten fielen steil ab. Als deutliches Merkmal einer planmäßigen Stadtgründung durchlief

eine durch zwei Tortürme gesicherte Hauptachse den Ort schnurstracks von Süd nach Nord. Der wichtigste Zugang zur Stadt erfolgte lechseitig, d. h. südlich über den sog. Alten Einlass; ihm landseitig gegenüber stand der im Gebäude der »Münze« verbaute Turm des Münztores. Auch der Kasselturm gehörte zum Erstbestand. Die Stadtburg nahm eine eher unauffällige Position im Nordwesten ein.

Noch bis Mitte des 20. Jhs., als dichter Baumbewuchs den direkten Stadtumgriff zu vereinnahmen begann, erhob sich Schongau von seinem Sporn burgartig über das gesamte Umland. So sind es heute vor allem die historischen Ansichten, die nachvollziehen lassen, wieso Philipp Alt Schongau 1613 auf seiner Osterreise als *gar herrenmäßig aufferbaut mit Maurn und Thürm* beschrieb.

Dies findet auch Entsprechung in dom Umstand, dass die landesherrliche Grenzstadt zwischen 1298 und 1372 mehrfach größeren Belagerungen widerstand und nur einmal, im Jahr 1300, eingenommen und zerstört werden konnte.

So vorteilhaft der neue Lageplatz auch erschien, brachte der instabile Baugrund aus Lechkies doch erhebliche

Schongau, Ballenhaus. Ansicht von Süden.

statische Probleme mit sich. So sorgten die beiden heftigen Erdbeben von 1348 und 1356 in Kombination mit der Unterspülung durch den Lech insbesondere an der Süd- und Ostseite für schwere Schäden (siehe *Bayerische Archäologie, 1/2025, S. 30–33*). Der hier noch heute deutlich erkennbare Hangrutsch führte im frühen 15. Jh. nicht nur zur partiellen Rückverlegung der Südkurtine, sondern zur Aufgabe des Alten Einlasses, der nur noch als Pforte dienen konnte. Fortan übernahm das weiter nördlich neu errichtete Lechtor die Funktion des Hauptttores.

Analog zu fast allen Stadtbefestigungen Südbayerns erfuhr auch die Schongauer Stadtmauer ab 1430 artilleriegerechte Ausbauten durch Barbakanen und neue Wehrgänge, doch investierten die Wittelsbacher ab dem 15. Jh. bevorzugt in ihre andere Grenzstadt Landsberg am Lech. Daher gelang es den Österreichern 1704 im Zuge des Spanischen Erbfolgekriegs, die wehrtechnisch kaum modernisierte Stadt problemlos zu erobern und neun ihrer Türme zu sprengen. Den danach einsetzenden Abbruchaktivitäten gebot erst 1830 König Ludwig I. von Bayern gemeinsam mit dem umsichtigen Landrichter Lorenz Boxler Einhalt.

Weite Teile der Schongauer Stadtmauer sind heute wieder begehbar, während die geplante Sanierung wegen finanzieller Probleme vorerst zurückgestellt werden musste. Schongau hat sein mittelalterliches Weichbild bis heute bewahren können, wenngleich das heutige sehr pittoreske Ortsbild auf den ersten Blick weitgehend vom historischen Bestand der frühen Neuzeit geprägt wird. Doch steckt gut verborgen in vielen Häusern spätmittelalterliche Bausubstanz. Besonders sehenswert ist vor allem das spätgotische Ballenhaus.

Der Autor:

Dr. Joachim Zeune ist Mittelalterarchäologe und Burgenforscher.
Seit 1995 leitet er das »Büro für Burgenforschung Dr. Zeune« in Eisenberg (Allgäu) und führte zahlreiche Burgen-

Schongau, Senkrechtfoto. Oben Norden, unten Süden. 1) ehem. Standort Lechtor; 2) Bahnhofstor (mod.); 3) ehem. Standort Pulverturm; heute Aussegnungshalle; 4) Friedhof; 5) altes Münztor/«Münze«; 6) Münztor (mod.); 7) Französischer Turm; 8) Hoftor; 9) Schloss/heute Landratsamt; 10) Schwaigerturm; 11) Kuhtor; 12) ehem. Standort Fallturm; 13) Polizeidienerturm/Alter Einlass; 14) 1891 abgerissener Mauerzug; 15) Kasselturm; 16) Stadtpfarrkirche Mariae Himmelfahrt.

forschungs- und Burgensanierungsprojekte in Deutschland, Österreich und auch Belgien durch.

Literatur:
Büro für Burgenforschung Dr. Zeune: Inwertsetzungskonzept mit bauhistorischer Bestandsanalyse, Schadenskartierung sowie Sanierungs- und Erschließungskonzept. November 2014; unpubliziert; Exemplare bei der Stadt & beim Bayer. Landesamt für Denkmalpflege.

Zur Stadtmauer siehe vor allem: Helmut Schmidbauer, Die Schongauer Stadtmauer, Türme und Tore. In: Lech-Isar-Land 1990, 11–60; ders., Die Schongauer Stadtmauer im Jahr 1830. In: DER WELF 2014, 97–112.

Zur Baugeschichte der »Münze« siehe Franz Grundner, Das sogenannte »Münzgebäude« in Schongau nach der schriftlichen Überlieferung. In: DER WELF 2021, 5–32; Joachim Zeune, Das Amtshaus (sog. Münzgebäude) in Schongau. Neue bauarchäologische Erkenntnisse. In: DER WELF 2021, 33–50.

les of Marius seit dem 11.04.2025 in erneuter Kooperation in Manching präsentieren. Der erste Teil der Ausstellung zur römischen Armee war bereits 2022/ 2023 unter dem Titel »Im Dienste Roms« im kelten römer museum zu sehen und wurde zu einem echten Publikumsmagneten. Während sich dieser jedoch auf Legionen und Hilfstruppen konzentrierte, nimmt der zweite Teil nun die Beweglichkeit und Logistik der römischen Armee in den Blick.

Supermacht im Mini-Format

Garantierte Blickfänger dürften wieder die mit viel Liebe zum Detail gestalteten Modelle im Maßstab 1:72 darstellen.

Roms Armee im Feld

Neue Sonderausstellung zur Logistik und Mobilität des römischen Heers im kelten römer museum manching

»Je besser eine Armee, desto schlechter das Essen. Ich hätte nicht gedacht, dass die römische Armee so gut ist!« Asterix, in: ›Asterix als Legionär‹.

Feinen gallischen Gaumen, die Wildschweinbraten und Sahnetorte gewöhnt sind, werden die Kochkünste römischer Militärs natürlich nicht gerecht. Vegetius, im späten 4. Jh. n. Chr. Verfasser einer Abhandlung über Kriegskunst, sah die Versorgung römischer Truppen dagegen etwas pragmatischer: »Wer Getreide und andere Lebensmittel nicht vorher beschafft, wird ohne Waffen besiegt.«

Die römische Armee gilt auch heute noch als die schlagkräftigste Streitmacht der Antike. Die stetige Expansion des Imperiums stellte einen für das römische Selbstverständnis essenziellen Gedanken dar, den Rom überwiegend durch Krieg und Eroberung realisierte. Eine wesentliche Grundlage hierfür waren besonders effiziente Truppen. Mit dem Herrschaftsbereich wuchsen jedoch auch die logistischen bzw. infrastrukturellen Anforderungen, die es

zu erfüllen galt, um die Einsatzfähigkeit großer Armeen von bis zu 150.000 Mann zu gewährleisten. Die Kampfkraft des römischen Militärs beruhte zum einen auf Training, Bewaffnung und Taktik, zum anderen aber auch auf seiner hohen Mobilität, der Anlage ausgeklügelter Feldlager und durchdachter Versorgung. Der entscheidende Vorteil römischer Kriegsführung sei, so stellte bereits im 2. Jh. v. Chr. Polybios anerkennend fest, »ein unerschöpflicher Vorrat an Männern und Proviant.«

Doch wie brachte Rom es fertig, seine Truppen am Laufen zu halten? Welche Strecken mussten Legionäre marschieren? Welches Gewicht hatten sie dabei zu schleppen? Wie entstand ein Feldlager? Welchen Getreidebedarf hatte eine römische Legion? Und wie gelangte Nachschub an die Front? Fragen dieser Art widmet sich die neue Modell- und Mitmachausstellung »ROMS ARMEE IM FELD. Marsch · Lager · Versorgung«, die das kelten römer museum und Mu-

Illustration eines römischen Legionärs auf dem Marsch.

Kinder mit römischer Getreidemühle.

Eines der Dioramen bildet zum Beispiel eine aus zwei Kohorten bestehende Marschkolonne ab und lässt die imponierende Wirkung erahnen, die ein kilometerlanger römischer Heerzug, der sich seinen Weg durch die Landschaft bahnte, sicher erzeugte. Allerdings bot ein römisches Heer auf dem Marsch auch ein leichtes Angriffsziel, wie ein anderes Diorama, das eine Attacke germanischer Krieger auf eine römische Marschkolonne in Szene setzt, zeigt.

Ausprobieren erwünscht!

Verschiedene Mitmachstationen laden die Gäste zum Selbst-Aktiv-werden ein. Wie legt man ein römisches Marschlager an? Das lässt sich mit dem »Camp-Puzzle« herausfinden. Warum wurden Legionäre auch »Maultiere des Marius« genannt? Darauf gibt die »Marschgepäck-Station« eine klare Antwort. Und wie fühlt es sich an, wenn man sein Getreide selbst mahlen muss? Ran an die Handmühle! Originalgetreue Repliken, die archäologischen Funden nachempfunden sind, zum Beispiel ein römisches Lederzelt oder tragbare hölzerne Schanzpfähle, vermitteln einen plastischen Eindruck vom Leben römischer Soldaten im Feld.

Abgerundet wird das Ganze durch lebensgroße Illustrationen, die Legionäre beim Wachdienst, der Schanzarbeit oder auf dem Marsch zeigen. Sie stammen aus der Feder des britischen Künstlers Graham Sumner.

Versorgungsbasis Oberstimm

Was das Thema Nachschub und Versorgung römischer Truppen angeht, so schlägt die Ausstellung noch einen Bogen zu einem spannenden archäologischen Befund vor Ort: Das Kastell von Oberstimm (ca. 40–120 n. Chr.) ist zwar vor allem für die Entdeckung der berühmten Patrouillenboote bekannt, doch in seiner Umgebung kamen über-

dies die Reste zweier riesiger römischer Speicher *(horrea)* zum Vorschein. Mit einer Lagerkapazität von ca. 2000 Tonnen Getreide hätte man mit diesen eine komplette Legion rund ein Jahr lang versorgen können. Oberstimm fungierte allem Anschein nach als wichtige Nachschub- und Versorgungsbasis – vermutlich für neue Kastelle nördlich der Donau, möglicherweise auch in den Daker-Feldzügen Kaiser Trajans (101/102 und 105/106 n. Chr.).

Das Imperium Romanum wurde also nicht ausschließlich mit dem Schwert, sondern auch mit Sandalen, Schaufeln und Hufen errichtet. Wie das geschah, lässt sich in der Zeit vom 11.4. bis 23.11.2025 auf einer spannenden Entdeckungstour im kelten römer museum erkunden.

Dr. Markus Strathaus
kelten römer museum manching

Roms Armee im Feld.
Marsch · Lager · Versorgung
kelten römer museum manching,
Im Erlet 2, 85077 Manching,
www.museum-manching.de,
Tel. 08459/323730,
geöffnet Mi–Fr 9.30–16 Uhr,
Sa/So/Fei 10–17 Uhr,
bis 23. November 2025

Die Aufgabe beim »Camp Puzzle«:
Lege ein römisches Militärlager an!

Handlung/Artickel vnnd Instruction/so fürgenommen worden sein vonn allen Rottenn vnnd hauffen der Pauren/so sich zesamen verpflicht haben: M:D:XXV:

Titelblatt der Bundesordnung der »Christlichen Vereinigung«, die im März 1525 in Memmingen beschlossen wurde.

Aufstand und Niederlage – der Bauernkrieg 1525

Zum 500-jährigen Jubiläum erinnern Ausstellungen und neue Bücher an die Umbruchzeit am Beginn der frühen Neuzeit, als in großen Teilen Schwabens und Frankens die Hoffnung auf Freiheit groß war.

Die Aufbruchstimmung, welche im frühen 16. Jh. geherrscht haben muss, ist von uns Heutigen wohl nur noch ansatzweise nachvollziehbar. Aufbruch deshalb, da die scheinbar ewiggültige Gesellschaftsordnung, welche den festgefügten Stand von Adel, Klerus und Bauernschaft festschrieb, ins Wanken geraten war. Maßgeblich zum Umbruch beigetragen hatten die Reformatoren Martin Luther und Huldrych Zwingli. Sie hatten gezeigt, dass der Einzelne frei ist, kirchliche Traditionen, die sich nicht aus den Evangelien ableiten lassen, abzulehnen. Diese Vorstellung von der »Freiheit des Christenmenschen«, welche Luther aber nur im geistigen Sinne verstand, war der zündende Funke, um auch die eigene soziale Unfreiheit in Frage zu stellen.

Nicht zufällig gibt es seit dem Beginn des Bauernkriegs 1524 im südlichen Schwarzwald eine enge Verflechtung der aufständischen Bauern mit reformatorischen Ideen. Großes Vorbild und Gewährsmann für die Bauern, den sie auf eine Liste ihrer Bundesordnung an erster Stelle als Entscheider, was der Obrigkeit zu geben sei, nannten, war »Doctor Martinus Luther«. Später im Jahr 1525 sollte Luther jedoch die auf ihn hoffenden Bauern tief enttäuschen – durch seine üble und menschenfeindliche Schrift »Wider die Mordischen und Reubischen Rotten der Bawren«, in welcher er dazu aufruft, die Aufständischen erbarmungslos zu töten.

Im Jubiläumsjahr 2025 erinnern zahlreiche Ausstellungen und neue Publikationen (s. u. S. 52) an die Ereignisse im Deutschen Bauernkrieg. Einer der wichtigsten Orte des Bauernkriegs ist Memmingen. Hier trafen sich im März 1525 Vertreter der oberschwäbischen Bauernhaufen in der Kramerzunftstube, wo die Bundesordnung der »Christlichen Vereinigung« sowie die wirkmächtigen »Zwölf Artikel« beschlossen wurden – letztere redigiert vom Memminger Kürschner Sebastian Lotzer. Diese überregional anwendbare Quintessenz der bäuerlichen Forderungen sollte bald – tausendfach gedruckt – den Bauernaufstand überregional ausweiten helfen. Schon in der Einleitung wird die Idee des »reinen Evangeliums« betont, das über allem steht. Daraus abgeleitet ist der berühmte Satz aus dem dritten Artikel: »Darumb erfindt sich mit der geschrifft das wir frey seyen vnd wollen sein« (Aus der Hl. Schrift ergibt sich, dass wir frei sind und sein wollen). Die Leibeigenschaft sei unchristlich und solle abgeschafft werden. Die meisten der Artikel, wie die Forderung nach freier Pfarrerwahl, die Gabe des Zehnten nur für die Besoldung des Pfarrers, freie Jagd und Fischerei sowie Waldnutzung, Reduzierung der Frondienste und Abgaben sowie Abschaffung des sogenannten

1994 wurde in Leipheim ein Massengrab mit 26 Verstorbenen entdeckt, die sich als Opfer der Leipheimer Schlacht vom 4. April 1525 bestimmen lassen.

Kramerzunftstube in Memmingen, wo sich im März 1525 Vertreter der oberschwäbischen Bauernhaufen trafen.

»Todfalls«, der Abgabe nach dem Tod des Bauern, wirken allerdings vielmehr wie ein Bedürfnis nach Reformen bzw. Rückkehr zum alten Recht denn als Aufruf zur Revolution. Darüber streiten sich die Historiker jedoch schon seit Jahrhunderten.

Die »Bayernausstellung 2025« des Hauses der Bayerischen Geschichte zeigt u. a. in der berühmten Kramerzunftstube, wo leider noch in den 1960ern die historische Holzvertäfelung vernichtet wurde, in stimmungsvollen Inszenierungen die Bedeutung der Zwölf Artikel für die modernen Freiheits-Vorstellungen.

Bald nach der Zusammenkunft der Bauern in Memmingen sollte die Aufbruchstimmung ein gewaltsames Ende finden. Nach gescheiterten Verhandlungen mit dem Schwäbischen Bund in Ulm kam es am 4. April 2025 zur ersten Schlacht des Bauernkriegs. Bei Leipheim nahe Günzburg wurden rund 3000 Bauern vom Heer des Schwäbischen Bundes unter Führung des Georg Truchsess von Waldburg (»Bauernjörg«) niedergemetzelt oder in die Donau getrieben. Die Rädelsführer wurden anschließend geköpft.

1994 fand man in Leipheim ein Massengrab, worin 26 bei der Schlacht getötete Bauern notdürftig verscharrt worden waren; durch Münzfunde können die Bestattungen datiert werden. In einem neuen Forschungsprojekt der Uni Tübingen wurden die Skelette jüngst anthropologisch untersucht. An ihnen lassen sich zahlreiche schwere Verletzungen erkennen. Zwei der Schädel befinden sich im Bauernkriegsmuseum Leipheim.

Außer im Allgäu und Oberschwaben spielte sich der Bauernkrieg im Frühjahr 1525 aus bayerischer Perspektive insbesondere in Franken ab: von der Schlacht bei Ostheim, Aufständen in den Hochstiften Bamberg und Eichstätt über die vergebliche Belagerung der Festung Marienberg in Würzburg durch mehr als 20.000 Bauern, die Schlacht bei Ingolstadt (Unterfranken) bis zu den grausamen Strafgerichten des berüchtigten »Bauernjörg«, bei welchen zahlreiche Unschuldige geköpft wurden.

Überall verloren die Bauern den Kampf, es gab Tausende von Toten und die erträumten Freiheiten blieben für Jahrhunderte unerreichbar.

Bemerkenswerterweise gab es im gesamten Herzogtum Bayern in dieser Zeit keine großen Bauernaufstände, wenn auch kleinere Unruhen. Warum? Das geschlossene große Herzogtum war weniger in Gefahr, von auswärtigen Bauernhaufen überrannt zu werden. Als Allgäuer Bauern über den Lech in den Pfaffenwinkel kamen, sollen sich ihnen bayerische Bauern auf dem Hohenpeißenberg entgegengestellt haben. Offenbar war die Unzufriedenheit mit den sozialen Bedingungen nicht ganz so groß wie in anderen Gebieten. Dazu trug bei, dass sich die Herzöge als Vermittler bei Konflikten mit den Grundherren anboten und deshalb anerkannter waren. Zudem war die Überwachung und vor allem Unterdrückung protestantischer Ideen im Herzogtum Bayern sehr ausgeprägt. Alles zusammen dämpfte den Freiheitsdrang der bayerischen Bauern.

rg

Ausstellungen zum Bauernkrieg:

Memmingen

Projekt Freiheit – Memmingen 1525 – Bayernausstellung 2025
Dietrich-Bonhoeffer-Haus, Buxacher Str. 2, 87700 Memmingen
Kramerzunfthaus, Am Weinmarkt 15, 87700 Memmingen
https://www.hdbg.de/ausstellungen/projekt-freiheit-bauernkrieg-1525.html
geöffnet Di–So 9–17 Uhr, bis 19. Oktober 2025

Leipheim

Gescheitert? Gelungen? Gelebt? Der Nachhall der Forderungen der Bauern von 1525
Heimat- und Bauernkriegsmuseum Blaue Ente, Stadtberg 1, 89340 Leipheim, www.leipheim.de, geöffnet So 14–17 Uhr, bis 5. Oktober 2025

Würzburg

1525 – Franken fordert Freiheit*en
Museum für Franken, Staatliches Museum für Kunst- und Kulturgeschichte,
Festung Marienberg, 97082 Würzburg, www.museum-franken.de, geöffnet Di–So 10–17 Uhr, bis 26. Oktober

Bad Schussenried

UFFRUR! Utopie und Widerstand im Bauernkrieg 1524/25
Kloster Schussenried, Neues Kloster 1, 88427 Bad Schussenried, www.bauernkrieg-bw.de, geöffnet Di–Fr 10–17 Uhr, Sa/So/Fei 10–18 Uhr, bis 5. Oktober

Neue Publikationen zum Bauernkrieg:

Gerd Schwerhoff, Auf dem Weg zum Bauernkrieg. Unruhen und Revolten am Beginn des 16. Jahrhunderts (UVK Verlag, Tübingen 2024) 243 S., ISBN 978-3-381-12181-6; 44 €
Die wichtige Vorgeschichte des Bauernkriegs mit der Bundschuh-Bewegung und dem »Armen Konrad« wird hier quellenkritisch und gut lesbar erzählt.

Stefan Fischer, Aufruhr im Allgäu. Kleine Geschichte des Bauernkriegs 1525 (Verlag Friedrich Pustet, Regensburg 2024) 144 S., ISBN 978-3-7917-3519-1; 16,95 €
Die spannende Allgäuer Geschichte des Bauernkriegs ist kompakt in diesem Büchlein dargestellt – mit Hintergrund-Seiten zu Personen und Begriffen.

Gerd Schwerhoff, Der Bauernkrieg. Eine wilde Handlung (Verlag C. H. Beck, München 2024) 720 S., ISBN 978-3-406-82180-6; 34 €
Ein großes Werk zum gesamten Bauernkrieg, welches ausführlich die chronologische Abfolge der Ereignisse in den unterschiedlichen Regionen vorstellt. Sehr lesenswert!

Thomas Kaufmann, Der Bauernkrieg. Ein Medienereignis (Verlag Herder, Freiburg 2024) 544 S, ISBN 978-3-451-39028-9; 35 €
Den Bauernkrieg gab es nur, weil er medial inszeniert und verbreitet wurde – so lautet die interessante, durchaus begründete These dieser Studie, in der es mehr um die Deutungsgeschichte geht.

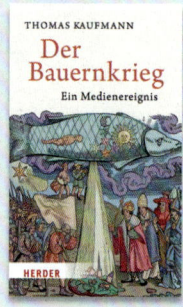

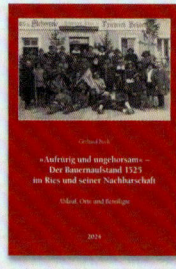

Gerhard Beck, »Aufrürig und ungehorsam« – Der Bauernaufstand 1525 im Ries und seiner Nachbarschaft. Hg. v. Verein Rieser Kulturtage e. v. (2024) 215 S., ISBN 978-3-923373-69-7; 25 €
Ansprechende Regionalstudie zum Bauernkrieg im Nördlinger Ries und seiner Nachbarschaft, u. a. mit der Schlacht bei Ostheim. Einzelbeschreibungen der Orte und Personen zeichnen im Detail die lokale Beteiligung nach.

Haus der Bayer. Geschichte (Hg.), Projekt Freiheit – Memmingen 2025 (Verlag Friedrich Pustet, Regensburg 2024) 114 S., ISBN 978-3-7917-3553-5; 10 €
Der Katalog zur Bayernausstellung in Memmingen stellt knallbunt die Zwölf Artikel ins Zentrum und vergleicht sie mit dem modernen Freiheitsbegriff; als Thema u. a. auch: »weibliche Perspektiven« auf den Bauernkrieg.

Keltisches Heroon im Wald

Restauration und Wiedereinweihung des keltischen Umgangstempels im Archäologischen Erlebnispark Gabreta

Der in den Jahren 2007–09 im Archäologischen Erlebnispark Gabreta, Gde. Ringelai, unter der Leitung von Helmut Bender erbaute keltische Umgangstempel wurde 2024 saniert.

Das Heroon, wie das Gebäude treffender bezeichnet wird, ist vollständig aus Holz erbaut und besitzt als einzige Rekonstruktion einen geschlossenen Umgang. Nach dem Plan von Willi Schmauß, Architekt i. R., wurden die Statik optimiert, 20 Stützen ausgetauscht, die Wandelemente repariert und das obere Dach bekam neue Holzschindeln. Die feierliche Wiedereröffnung fand am 26.10.2024 statt.

Betritt man das Heroon durch die Holztüre, fällt der Blick auf cremefarbene Wandbehänge an der Abtrennung zur Cella. Der leinwandbindige Wollstoff ist mit bewusst unterschiedlich farbigen Borten nach Funden aus Hallstatt verziert. Der Umgang und die Cella werden durch Licht, das durch die neugestalteten Fenster mit Leinwandbezug fällt, sanft beleuchtet.

Biegt man im Umgang auf dem neu angeglichenen Boden um zwei Ecken, gelangt man in die Cella, die durch Wandbehänge dunkler gestaltet ist. Die mit Motiven des Kessels von Gundestrup bemalte und mit dunklen Stoffen eingerahmte Ausstattung verleiht dem Raum

ein weihevolles Ambiente, das durch den Schein von Öllampen und Weihrauchduft unterstrichen wird. Bei näherer Betrachtung erkennt man die an den Stoffen angebrachten Borten, welche in unterschiedlichen nachgewiesenen Techniken und Materialien gewebt sind und den Eindruck erwecken, die Innenausstattung sei über Generationen sorgfältig gepflegt und vervollständigt worden.

Lässt man die Atmosphäre auf sich wirken, fällt der Blick unweigerlich auf die Holzkonstruktion des Daches, von der eine bortengeschmückte Mistel

Re.: Holzstatue des Keltenfürsten vom Glauberg mit Lichtpunkt durch einfallende Sonne.
U.: Keltengruppe Selgarios mit befreundeten Mitgliedern der Leg III Ant (Regensburg) und Prof. Dr. Helmut Bender.

Blick von Osten auf das Heroon.

über der Statue des Keltenfürsten vom Glauberg schwebt und auf die Efeuranken, mit denen die Abtrennungen geschmückt sind.

Man erhält den Eindruck, dass ein Heroon in keltischer Zeit, auch wenn man es nicht eindeutig rekonstruieren kann, so ausgesehen und ausgestattet gewesen sein könnte. Zusammen mit dem unmittelbar benachbarten Grabhügel mit einer Nachbildung in Holz der Götterstatue von Holzgerlingen auf der Spitze und dem Eichenhain und seiner Felsformation mit dem Altarstein samt Spendenhöhlung östlich davon vermittelt das Ensemble einen staunenswerten, berührenden und numinosen Eindruck.

Am 03.05.2025 wurde das Heroon in voller Pracht durch die Keltengruppe Selgarios, die die Innenausstattung rekonstruiert und restauriert hat, der Öffentlichkeit präsentiert, nachdem die Ausstattung über den Winter eingelagert war.

Keltengruppe Selgarios
(B.I.S.M. Monika Werkstetter,
Dipl.-Ing. (FH) Holger Horenburg)

Neolithischer Gollachgau
Eine neue Ausstellung zur Jungsteinzeit im Gollachgaumuseum Uffenheim

Das Gollachgaumuseum im westmittelfränkischen Uffenheim beherbergt seit gut einem Jahrhundert eine vielfältige regionalgeschichtliche Sammlung, zu der mittlerweile auch ein reicher archäologischer Bestand gehört. Er beruht auf Nachlässen und Geländebegehungen von Sammlern und Heimatforschern der Region sowie in der Vergangenheit ehrenamtlich durchgeführten kleineren Rettungsgrabungen. Eine hieraus entwickelte Schausammlung bietet seit Längerem anhand exemplarischer Funde einen Überblick über die vor- und frühgeschichtliche Entwicklung des Gollachgaus von der

frühesten Besiedlung bis in die Neuzeit.

Aus dieser klassischen Altsiedellandschaft ist ein reiches archäologisches Erbe erhalten. Die Region zwischen Uffenheim und Bad Windsheim hat sich demzufolge im vergangenen Vierteljahrhundert zu einem Schwerpunkt bodendenkmalpflegerischer Tätigkeit entwickelt. Die umfangreiche Grabungstätigkeit hat wiederholt zu überregional bedeutsamen Entdeckungen geführt. Ein ganz besonderer Glücksfall war die Auffindung des spätneolithischen Statuenmenhirs in Gallmersgarten (Bayer. Archäologie 3/2018, S. 37). Dieser ikonische Fund wurde dem Gollachgaumuseum zur Präsentation überlassen und gab letztlich den Anstoß, die regionale Entwicklung von den letzten Jägern und Sammlern bis zum Beginn der vorgeschichtlichen Metallzeiten, also einem Zeitraum von ca. 3300 Jahren (5.500–2.200 v. Chr.) anhand besonderer Fundstellen und Einzelfunden darzustellen.

Unter dem Titel »Im Herzen Europas – Der Gollachgau und seine Umgebung

Spät- und Endneolithikum mit Stele von Gallmersgarten.

im Schnittpunkt jungsteinzeitlicher Kulturen« konnte die neue Ausstellung im Herbst 2024 eröffnet werden. Leitlinie bei der Gestaltung war die Vermittlung der weitreichenden Vernetzungen der Region in den neolithischen Zeitstufen.

Grafisch ansprechend und abwechslungsreich gestaltet wenden sich einführende wie auch vertiefende Texte sowie mehrere großformatige Lebensbilder, in die auch innovative Rekonstruktionen mit eingeflossen sind, an Besucher unterschiedlicher Interessengrade. Auch das Fachpublikum wird durch die Präsentation bislang weitgehend unpublizierter Funde und Befunde seinen Nutzen ziehen können.

Am Beginn steht eine knappe Darstellung und Erläuterung der wesentlichen archäologischen Zeitstufen- und Kulturbezeichnungen sowie ein Abriss der Neolithisierung als epochalem Schnitt in der Menschheitsgeschichte. Für diesen Umbruch steht die Siedlung der Ältesten Linearbandkeramik in Wallmersbach, zu der auch als Besonderheit eine zugehörige kleine Gräbergruppe ergraben werden konnte. Funde daraus werden erstmals öffentlich präsentiert. Darunter auch Gefäßfragmente sogenannter La-Hoguette-Keramik, die dem Motto der Ausstellung entsprechend hervorgehoben präsentiert werden. Anhand des Idolköpfchens von Bullenheim wird das Phänomen der in älterneolithi-

Li.: Bullenheim, Idolköpfchen; Höhe: 3,3 cm.
Re.: Marktbergel, Riesenbecher der Glockenbecherkutur, Höhe: 39 cm.

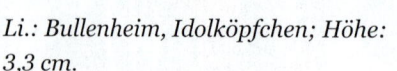

schen Siedlungen häufig vorkommenden tönernen Figürchen (bzw. deren Fragmenten) thematisiert.

Das mittlere Neolithikum wird durch die Kreisgrabenanlage von Ippesheim repräsentiert, die durch die im Zentrum gelegene Sonderbestattung eines kopfüber begrabenen jüngererwachsenen männlichen Individuums von sich reden gemacht hat und durch die Lage weitab des eigentlichen Verbreitungsgebietes derartiger Monumente ohnehin etwas Besonderes ist. Die Ausstellung zeigt u. a. die lebensgroße Rekonstruktion der Bestattungssituation mit dem originalen Beigabengefäß und ein großformatiges Lebensbild der Anlage, das etliche neue Gestaltungsdetails zur Diskussion stellt.

Als zentrales Objekt, ebenfalls begleitet von einem großen Lebensbild, das die Funktion und Einbettung in die damalige Landschaft zeigt, folgt die Menhirstatue aus Gallmersgarten. Ergänzende Fotos und Grafiken informieren über die Entdeckungsgeschichte und die Bedeutung als Vertreter einer europaweiten Denkmalgattung und Ideenwelt im ausgehenden 4. Jahrtausend.

Erstmals werden auch Funde aus der spätneolithischen Palisadenanlage von Gollhofen gezeigt. Diese vermutlich temporär aufgesuchte Station von Wanderhirten ist nach wie vor einer der ganz wenigen sicheren Fundplätze aus den Jahrhunderten um 3000 v. Chr. in Nordbayern.

Das Gebiet südlich des Maindreiecks hat in der jüngeren Vergangenheit in gewisser Regelmäßigkeit Nachweise der großen endneolithischen Kulturerscheinungen, der schnurkeramischen Kultur und der Glockenbecherkultur erbracht. Hier verdichten sich die Hinweise, dass sich beide unmittelbar begegnet und in gewisser Weise auch beeinflusst haben. Gezeigt werden Inventare aus der kleinen Gräbergruppe bei Oberickelsheim

Wallmersbach. Li.: La-Hoguette-Keramik; re.: Kumpf der ältesten Linearbandkeramik.

und weitere typisch schnurkeramische Funde. Für die Glockenbecherkultur stehen vor allem die Funde aus dem Gipsbruch bei Marktbergel, die derzeit den größten Siedlungskomplex dieser Zeit in Süddeutschland darstellen. Insbesondere die Keramikfunde zeigen weitreichende stilistische Verbindungen in verschiedene Nachbarregionen bis in den hessisch-westfälischen Raum.

Eine eigene Station widmet sich dem Thema »Gewalt in der Vorgeschichte«, das seit einiger Zeit im Fokus verschiedener Forschungsarbeiten steht. Aufhänger in der Ausstellung ist das mutmaßliche Mordopfer aus Burgbernheim, das dem Bereich der Michelsberger Kultur zuzurechnen ist.

Abschließend werden dem Besucher, um den thematischen Bogen zu schließen, anhand einer interaktiven Karte von Mitteleuropa die Herkunfts- und Kontaktgebiete ausgewählter wichtiger Exponate nähergebracht.

Durch die Unterstützung der Landesstelle für die nichtstaatlichen Museen sowie weiterer Zuschussgeber und die Mitarbeit professioneller Gestalter konnte eine zeitgemäße, moderne Ausstellung entwickelt werden. Die meisten präsentierten Funde sind bisher noch nie öffentlich gezeigt worden. Zu diesem Zweck wurden auch Rekonstruktionen ausgewählter Keramikgefäße aus Wallmersbach, Gollhofen und Marktbergel angefertigt. Für die wissenschaftlichen Inhalte zeichnet der Verfasser verant-

Statuenmenhir von Gallmersgarten.

wortlich, eine Begleitbroschüre zu der Ausstellung ist in Vorbereitung.

Martin Nadler M. A.
Kreisheimatpfleger für Archäologie
im Landkreis Neustadt a.d. Aisch-Bad Windsheim
Martin.Nadler@heimatpfleger.bayern

Gollachgaumuseum Uffenheim, Schloßplatz 6, 97215 Uffenheim, Tel. 09842/8100
info@gollachgaumuseum.de
www.gollachgaumuseum.de
Geöffnet So 13.30–16.00 und nach Vereinbarung

Wassergöttin museumsreif

Bereits im Juli 2022 bei Ausgrabungen im Vorfeld zu Bauarbeiten an der Staatsstraße 2275 bei Mönchstockheim (Lkr. Schweinfurt) entdeckt, stellte die mehrere Tausend Jahre alte Statuette die Wissenschaft aufgrund des Mangels an Vergleichsfunden vor ein Rätsel. Für eine Funktion als Kultobjekt (»Wassergottheit«) sprach zunächst der Fundort: Entdeckt wurde die 19 cm große Statuette aus Keramik in einer vorgeschichtlichen Rinne, die hallstattzeitlichen Menschen (8. bis 6. Jh. v. Chr.) zur Wasserentnahme gedient haben dürfte. Diese Umstände brachten ihr den Namen »Wassergöttin« ein.

Neben der Keramikfigur konnten Archäologen am Fundort auch zahlreiche Keramikscherben, Töpferwerkzeuge aus Knochen und einen ungewöhnlichen Stempel aus gebranntem Ton bergen. Diese Objekte konnten eindeutig der Hallstattzeit zugeordnet werden. Im Falle der Statuette schien dies eher ungewöhnlich, da solche Figuren gewöhnlich eher einer älteren Zeitspanne bzw. Region (Neolithikum; westliche Schwarzmeer-Region) zuzuordnen sind.

Die »Wassergöttin«, von Kunstminister Markus Blume damals als »Star im Bayerischen Landesamt für Denkmalpflege« bezeichnet, wurde zunächst per Airbrush-Technik gereinigt, wodurch das fein modellierte Gesicht freigelegt werden konnte: Augenpartie, Nase, Mund und Kinn waren somit deutlich zu erkennen. Da die Beine nur noch ansatzweise vorhanden sind und die Vorderfläche des Oberkörpers fehlt, gibt die Körperform keinen Aufschluss über das Geschlecht. Ursprünglich war die Statuette vermutlich etwa zehn Zentimeter größer. Die mit Löchern versehenen Seiten des Kopfes könnten eine mit Metallringen oder Nadeln verzierte Haube darstellen. Ein derartiger Kopfschmuck wird hallstattzeitlichen Frauen zugeschrieben.

Nach ersten Untersuchungen im Bayerischen Landesamt für Denkmalpflege ist die Keramikfigur im Januar der Archäologischen Staatssammlung übergeben worden, wo ihr weiterer Verbleib gesichert ist. Konservatorische Betreuung, sachgerechte Aufbewahrung und Vermittlung an die Öffentlichkeit stehen hierbei im Vordergrund.

Vom 4. April bis 20. Juli ist die Wassergöttin in der Sonderausstellung »Das Rätsel der Wassergöttin – Kult der Vorzeit in Franken« zu sehen, und zwar im Archäologiemuseum Bad Königshofen, Martin-Reinhard-Str. 9, 97631 Bad Königshofen i. Grabfeld, Tel. 09761/3979011, info@schranne.info, geöffnet Di–So 14–17 Uhr.

ASM/red

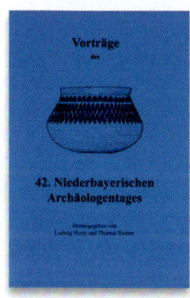

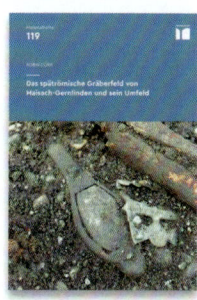

Ludwig Husty/Thomas Richter (Hg.), Vorträge des 42. Niederbayerischen Archäologentages (Verlag Marie Leidorf, Rahden/Westf. 2025) 426 S., ISBN 978-3-89646-270-1; 39,80 €
Passend zum Thema dieser Ausgabe beschäftigte sich der Niederbayerische Archäologentag 2024 in mehreren Vorträgen mit den hochmittelalterlichen Stadtgründungen Altbayerns. Außerdem: glockenbecherzeitliche Friedhöfe im Lkr. Deggendorf, Schnittspuren an einem späteisenzeitlichen Elch aus einer Höhle bei Lenggries oder eine Übersicht über Eisenvotivfunde, ausgehend von der Leonhards-Wallfahrt in Aigen am Inn.

Bayerisches Landesamt für Denkmalpflege (Hg.), Bericht der Bayerischen Bodendenkmalpflege, Bd. 65, Jahrgang 2024 (Verlag Dr. Rudolf Habelt, Bonn 2024) 396 S., ISBN 978-3-7749-4467-1; 55 €
Der Bodendenkmalpflege-Bericht stellt neue archäologische Forschungen vor: u. a. zur wenig bekannten jungneolitischen Michelsberger Kultur Frankens mit Erdwerken im südlichen Lkr. Würzburg, eine neu entdeckte römische Straßenstation bei Flotzheim (Lkr. Donau-Ries), die anschauliche digitale Visualisierung des römischen Faimingen und eine große Studie zu gewässernahen Zentralorten in Altbayern.

Robin Dürr, Das spätrömische Gräberfeld von Maisach-Gernlinden und sein Umfeld. Siedlungen und Gräberfelder des 4. Jahrhunderts in der Münchner Schotterebene. Materialhefte zur bayerischen Archäologie 119 (Verlag Dr. Rudolf Habelt, Bonn 2025) 232 S., ISBN 978-3-7749-4458-9; 35 €
Die Münchner Schotterebene war in der Spätantike offenbar als Siedlungsgebiet nicht ganz unbedeutend, wie die mittlerweile zahlreichen Gräberfelder und Siedlungen des späten 3. bis frühen 5. Jhs. belegen, welche in der vorliegenden Arbeit vorgestellt werden. Möglicherweise kamen einige der Siedler aus den aufgegebenen Regionen nördlich des Limes. Im Zentrum des Buches steht das 2004/2012 ergrabene Gräberfeld von Maisach-Gernlinden, Lkr. Fürstenfeldbruck, westlich der Amper gelegen, mit 29 Bestattungen. Interessant ist die chronologische Abfolge von drei verschiedenen Grabgruppen, die sich zum einen in der Ausrichtung der Gräber (von mehrheitlich ost-west zu süd-nord) als unterschiedliche Siedlungsgemeinschaften zu erkennen geben. Auch die Beigabenausstattung lässt einen Wandel von einer zivilen ländlichen Gemeinschaft hin zu einer militärischen Komponente erkennen, wobei eine Herkunft der Siedler aus dem pannonischen Raum naheliegt. Ursächlich dürften die verheerenden Juthungeneinfälle von 357/58 gewesen sein. In der antiquarischen Analyse herausstechend sind eine aus Geweih angefertigte lampenförmige Zunderdose, vermutlich aus Südskandinavien, und ein Fingerring mit eingraviertem Christogramm der ersten Hälfte des 4. Jhs.

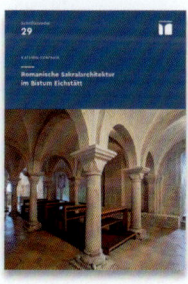

Britt Nowak-Böck, Konservierung und Restaurierung in der deutschen Bodendenkmalpflege. Selbstverständnis – Standort – Aufgaben. Schriftenreihe des Bayerischen Landesamtes für Denkmalpflege 28 (Kunstverlag Josef Fink, Lindenberg im Allgäu 2024) 128 S., ISBN 978-3-95976-534-3; 16,80 €
Die Restaurierung archäologischer Funde ist eine wichtige Aufgabe zur Konservierung, Erforschung und musealen Präsentation. In diesem Band werden von einer Expertin die Grundlagen, Gesetze und praktischen Umsetzungen der Restaurierung erläutert.

Kathrin Gentner, Romanische Sakralarchitektur im Bistum Eichstätt. Schriftenreihe des Bayerischen Landesamtes für Denkmalpflege 29 (Kunstverlag Josef Fink, Lindenberg im Allgäu 2024) 248 S., ISBN 978-3-95976-535-0; 24,80 €
Ein sehr schön gestaltetes Buch über romanische Kirchen und Klöster im Bistum Eichstätt. Beschreibungen und vergleichende Analysen zu 13 ausgewählten Kirchen werden mit reicher Bebilderung ansprechend präsentiert. Das Kapitel zur Hirsauer Reform weist auf den geistesgeschichtlichen Hintergrund der Bautätigkeit hin.

(alle rg)

Bad Königshofen

Das Rätsel der Wassergöttin – Kult der Vorzeit in Franken

Archäologiemuseum Bad Königshofen, Martin-Reinhard-Str. 9, 97631 Bad Königshofen i. Grabfeld, Tel. 09761/3979011, info@schranne.info, geöffnet Di–So 14–17 Uhr, bis 20. Juli 2025

Die 2022 in Mönchstockheim (Lkr. Schweinfurt) gefundene rätselhafte Keramik-Statuette, genannt »Wassergöttin«, gibt in schematischer, archaischer Weise Körper und Kopf eines menschengestaltigen Wesens wieder. Gemeinsam mit Funden aus Bayern und ganz Europa bietet die Figurine Einblick in prähistorische Kulte und Opferbräuche.

Kelheim

WallArt. 50 000 Jahre Farbe an der Wand

Archäologisches Museum der Stadt Kelheim, Ledererergasse 11, 93309 Kelheim, Tel. 09441/10409, www.archaeologisches-museum-kelheim.de, geöffnet Di–So 10–17 Uhr, bis 9. November 2025

Bereits in der Steinzeit vor 50 000 Jahren hinterließen die Menschen Zeichen, Symbole oder Figuren auf Steinen, Artefakten oder Höhlenwänden. Die Ausstellung verspricht einen Streifzug durch Raum und Zeit, von rätselhaften Handabdrücken bis zur schreiend bunten »Sachbeschädigung«.

Manching

Roms Armee im Feld.

Marsch · Lager · Versorgung

kelten römer museum manching, Im Erlet 2, 85077 Manching, www.museum-manching.de, Tel. 08459/323730, geöffnet Mi–Fr 9.30–16 Uhr, Sa/So/Fei 10–17 Uhr, bis 23. November 2025

In der Erlebnisausstellung gibt es Landschaften im Miniaturformat, lebensgroße Zeichnungen römischer Militärs, originalgetreue Repliken zum Anfassen und Mitmachstationen – vom Marschgepäck eines Legionärs bis zu einer Handmühle.

München

Planet Africa – Eine archäologische Zeitreise

Archäologische Staatssammlung München, Lerchenfeldstraße 2, 80538 München, www.archaeologie.bayern, geöffnet Di/Mi/Fr/Sa 10–17 Uhr, Do/So 10–19 Uhr, bis 28. September 2025

Das Ausstellungsprojekt der Staatlichen Museen zu Berlin und des Deutschen Archäologischen Instituts hat die afrikanische Archäologie im Fokus. Archäologische Funde, Bildwerke und Schriftzeugnisse bieten Einblicke in Kunst, Handwerk, Technik und Umwelt und belegen Austausch über große Entfernungen. Neue Ausgrabungen von Siedlungen enthüllen städtische Strukturen und gleichzeitig vielfältige mobile Lebensformen.

Passau

Boiotro [neu] entdeckt! Passau-Innstadt in spätrömischer Zeit

Römermuseum Kastell Boiotro, Ledererergasse 43-45, 94032 Passau, Tel. 0851/34769, www.boiotro.de, geöffnet Di–So 10–16 Uhr, bis 15. November 2025

Die Fundamente des Kastells *Boiotro* sind Teil des UNESCO-Welterbes Donaulimes. In der Ausstellung wird die Entwicklung der Innstadt von vorrömischer Zeit bis ins hohe Mittelalter gezeigt. Zum ersten Mal überhaupt wird ein seltenes Ziegelplattengrab aus der Nekropole des Kastells präsentiert.

Regensburg

Ludwig I. – Bayerns größter König?

Bayerische Landesausstellung 2025

Haus der Bayerischen Geschichte, Donaumarkt 1, 93047 Regensburg, www.hdbg.de, geöffnet Di–So 9–18 Uhr, bis 9. November 2025

Anlässlich des 200-jährigen Jubiläums seiner Thronbesteigung erzählt die Landesausstellung von den Veränderungen im Königreich Bayern unter der Herrschaft von Ludwig I. in den Jahren von 1825 bis 1848.

Ruffenhofen

Timeless Power. Antike Skulptur neu verschmolzen

LIMESEUM, Römerpark Ruffenhofen 1, 91749 Wittelshofen, Tel. 09854/97 99 242, info@roemerpark-ruffenhofen.de, www.limeseum.de, geöffnet Di–Fr 10–16 Uhr, Sa/So/Fei 11–17 Uhr, bis 14. September 2025

Der 2024 verstorbene Gunther Stilling fertigte Skulpturen aus Metall und Marmor, beeinflusst von der antiken Kunst.

Seebruck

Land- und Forstwirtschaft in der Römerzeit

Römermuseum Bedaium, Römerstraße 3, 83358 Seebruck, Tel. 08667/7503, www.roemermuseum-bedaium.de, geöffnet Mi–Fr 10–13/14–17 Uhr, Sa/So 10–15 Uhr, bis 31. Dezember 2025

Highlight der Ausstellung ist ein lebensgroßes Diorama, das mit historischen Figuren und Alltagsszenen das römische Landleben lebendig werden lässt.

Weißenburg

LIMES Express. Das Welterbe Limes in Mittelfranken

RömerMuseum Weißenburg, Martin-Luther-Platz 3-5, 91781 Weißenburg, Tel. 09141/907189, www.museen-weissenburg.de, Di–So 10–17 Uhr, bis 22. Juni 2025

Auf Tafeln und Mitmachstationen finden sich allerlei Informationen zum Limes und den Menschen, die in seinem Schatten lebten.

Veranstaltungen

Oberbayern

Veranstaltungen des kelten römer museum manching, Im Erlet 2, 85077 Manching, Manchinger Vorträge zur Archäologie und Geschichte:

16.07.2025, 18 Uhr: **»Ein Volk, das offenkundig selbst Durchschnittskaiser regelmäßig besiegten«.** Germanenfurcht und Germanensiege in zeitgenössischen römischen Quellen (Prof. Dr. Reinhard Wolters, Universität Wien)

Wissenschaftliche Tagung in Kooperation mit der Römisch-Germanischen Kommission:

16.08.2025, 10–18 Uhr: **Manching und die Welt.** Kolloquium zu Ehren von Ferdinand Maier anlässlich seines 100. Geburtstags mit 10 Vorträgen von 15 Referentinnen und Referenten sowie einer virtuellen Ausstellung. Anmeldung erforderlich unter info@museum-manching.de

Niederbayern

Veranstaltungen des Archäologischen Museums der Stadt Kelheim, Ledererergasse 11, 93309 Kelheim:

18.6.2025, 19 Uhr: **Da lachen ja die Römer.** Humor in der Antike (Vortrag von Dr. Josef Hofmeier)

Mittelfranken

Vorträge der Naturhistorischen Gesellschaft Nürnberg e.V., Katharinensaal, Am Katharinenkloster 6, 90403 Nürnberg:

18.06.2025, 19.30 Uhr: **Mit vier Rädern und zwei Pferdestärken** – Ein neues urnenfelderzeitliches Gräberfeld mit Wagengrab in Essenbach (Ndb.) (Dr. Angelika Hofmann, Germanisches Nationalmuseum Nürnberg)

Bayerische archäologie

Heft 3 / 2025 (erscheint Ende August)

RÖMER ZENTREN BAYERNS

RÖMER ZENTREN BAYERNS

Mit den Mitteilungen der
Gesellschaft für
Archäologie in
Bayern e.V.

✂ -

Absender:

_____
Name/Vorname

_____
Straße

_____
PLZ/Ort

_____
E-Mail

◯ Ich bezahle gegen Rechnung

◯ Der Rechnungsbetrag soll von meinem
Konto abgebucht werden

_____
IBAN

_____
Datum/Unterschrift

bitte
freimachen

Verlag

Friedrich Pustet

93008 Regensburg

✂ -

Absender:

_____
Name/Vorname

_____
Straße

_____
PLZ/Ort

◯ Ich bezahle gegen Rechnung

◯ Der Rechnungsbetrag soll von meinem
Konto abgebucht werden

_____
IBAN

bitte
freimachen

Verlag

Friedrich Pustet

93008 Regensburg

BILDNACHWEIS: Bayerisches Nationalmuseum, Bastian Krack: **Titelbild**; Archäologisches Museum Frankfurt, Foto Dettmar: **S. 2 li.**; Karl Heinz Rieder: **S. 2 m.**; Dr. B. Ernst, Fa. ProArch, Ingolstadt: **S. 3 li.**; Peter Litvai: **S. 3 m.**; Armin Weigel: **S. 3 re.**; Archäologisches Museum Frankfurt, Foto Dettmar: **S. 4, 5 u.**; Denkmalamt Stadt Frankfurt am Main, Foto Michael Obst: **S. 5 o.**; Leibniz-Institut für Archäologie in Mainz (LEIZA): **S. 6 li.**; Prof. Dr. Markus Scholz: **S. 6 re.**; A. Weinzierl, Museen der Stadt Regensburg: **S. 7**; In Terra Veritas GmbH, Bamberg: **S. 8**; Kreisarchäologie Landshut, Th. Richter: **S. 9 li. o./li. u.**; Kreisarchäologie Landshut S. Kunz: **S. 9 re. o.**; Karl Heinz Rieder: **S. 10**; Marianne Heimbucher: **S. 11 li.**; Historisches Museum Regensburg: **S. 11 re.**; Bayerisches Nationalmuseum, Foto: Bastian Krack: **S. 12-13, 28 o.**; Dr. Chr. Behrer, Regensburg: **S. 14**; Vorlage Stefan Schupp nach Spindler/Diepolder, Bayer. Geschichtsatlas S. 20 aus: Gerhard Immler 2024: **S. 15 o.**; Digitales Geländemodell; Kartengrundlage Bayer. Vermessungsverwaltung; blau: Archäologische Ergebnisse Fachinformationssystem Denkmalpflege (BLfD): **S. 15 u.**; Kartengrundlage Bayer. Vermessungsverwaltung; rot: Bodendenkmäler Fachinformationssystem Denkmalpflege (BLfD): **S. 16 o.**; Kartengrundlage Uraufnahme (1810) Bayer. Vermessungsverwaltung, bearb. J. Haberstroh: **S. 16 u.**; : Dorothea Albert, BLfD: **S. 17 o.**; Fa. Anzenberger & Leicht: **S. 17 u.**; Kartengrundlage Bayer. Vermessungsverwaltung: **S. 18 o.**; Dr. B. Ernst, Fa. ProArch, Ingolstadt: **S. 18 u.**; aus: Chr. Behrer, München – die befestigte Stadt (München 2019): **S. 19 o.**; ReVe-Büro für Archäologie: **S. 19 u.**; Dr. Weinig, Fa. ProArch, Ingolstadt: **S. 20 o.**; Kartengrundlage Bayer. Vermessungsverwaltung; Fachinformationssystem Denkmalpflege (BLfD): **S. 20 u.**; Dr. A. Schmidt-Hecklau, Fa. Archbau, Essen: **S. 21 li.**; ReVe-Büro für Archäologie: **S. 21 re.**; Klaus Leidorf: **S. 22**; BLfD: **S. 23 o.**; Neupert, Kozik & Simm: **S. 23 u.**; Bayerisches Nationalmuseum, Bastian Krack: **S. 24/25 o.**; Thomas Richter: **S. 24 u., 25 u.**; Stadtarchäologie Landshut: **S. 26 o.**; Peter Litvai: **S. 26 u.**; Anzenberger & Leicht: **S. 27 li.**; Christine Vincon: **S. 27 re.**; Bayerisches Nationalmuseum, Foto: Bastian Krack: **S. 28 o.**; Zentrum Stadtgeschichte Ingolstadt, Ulrich Rössle: **S. 28 u., 33**; ProArch Prospektion und Archäologie GmbH: **S. 29**; Entwurf Gerd Riedel, Umsetzung Alexander John: **S. 30**; Zentrum Stadtgeschichte, Anton Mittermüller: **S. 31**; Zentrum Stadtgeschichte Ingolstadt, Birgit Gebhard: **S. 32 o.**; Modell Clemens Nißl, Foto Zentrum Stadtgeschichte Ingolstadt, Gerd Riedel: **S. 32 u.**; Hajo Dietz, Stadt Straubing Stadtplanung: **S. 34 o.**; Peter Schwarz, Stadtarchiv Straubing: **S. 34 u.**; Bayerisches Nationalmuseum, Bastian Krack: **S. 35 o.**; Urkundensammlung 212, Stadtarchiv Straubing: **S. 35 u.**; 3D-Fotogrammetrieplan/Zeichnung Ildikó Bösze: **S. 36 o.**; Ralph Hempelmann: **S. 36 m.**; Erwin Hahn, Stadt Straubing Bauordnung: **S. 36 u.**; Plansammlung 5739, Bayerisches Hauptstaatsarchiv: **S. 37**; Kreisarchäologie Dingolfing-Landau: **S. 38, 40 li. u./re. u.**; Eibl/Hobmaier 2024: **S. 39 o.**; nach Eibl/Hobmaier, Auf der Suche nach der Gründungsstadt – die mittelalterliche Topografie Landaus. In: Stadt Landau a.d.Isar (Hrsg.), Landau a.d.Isar. Eine Stadt mit Geschichte(n) (Straubing 2024) 16-17: **S. 39 o.**; K. Schnieringer 2017: **S. 40 o.**; Siegfried Kerscher: **S. 41**; R. Ettelt: **S. 42 o.**; nach Rainer Christlein, Die Anfänge der Wittelsbacher Herzogsburg zu Kelheim. Beilage z. Amtl. Schulanzeiger f.d. Reg.Bez. Niederby. 5, 1975, 49ff.: **S. 42 u.**; Kartengrundlage Bayer. Vermessungsverwaltung: **S. 43 o.**; Stadtarchiv Aichach: **S. 44 o., 45 u.**; Uraufnahme (1808-1864), Datenquelle: Bayerische Vermessungsverwaltung - www.geodaten.bayern.de genutzt unter der Lizenz (CC BY-ND 4.0) - https://creativecommons.org/licenses/by-nd/4.0/deed.de/: **S. 44 u.**; Antiquarium der Münchner Residenz: **S. 45 o.**; Stadt Aichach, Foto: Erich Echter: **S. 45 m.**; Bearbeitung Dr. Joachim Zeune 2017: **S. 46 o.**; Joachim Zeune 2017: **S. 46 u.**; Stadtbauamt Schongau 2013, beschriftet Joachim Zeune 2017: **S. 47**; Mules o. Marius / Thomas Kurtz: **S. 48 u.**; Graham Sumner: **S. 49 o.**; Hermann Pentermann: **S. 49 o.**; Henrike Wachsmuth / krmm: **S. 49 u.**; R. Schmitt: **S. 51 u.**; Selgarios: **S. 53**; Martin Nadler: **S. 54, 55 u.**; Felix Wagner (BLfD): **S. 55 o.**; ASM, Stefanie Friedrich: **S. 56**; Faber Courtial, Darmstadt und Stadtarchäologie Kempten: **S. 60 re. o.**

Christliche Inschrift des 3. Jahrhunderts · 4

Es ist das früheste Zeugnis des Christentums nördlich der Alpen. Die aufsehenerregende Lesung der sogenannten »Frankfurter Silberinschrift«, datiert zwischen 230 und 260 n. Chr., lässt die Geschichte der Christianisierung in neuem Licht erscheinen. Im Gräberfeld der römischen Stadt *Nida* in Frankfurt-Praunheim wurde ein Mann mit silberner Amulettkapsel am Hals bestattet. Die Kapsel barg eine zusammengerollte Silberfolie, in die eine Inschrift eingeritzt war. Wegen ihrer Brüchigkeit konnte die Folie nur digital entrollt und so die – für diese Zeit ungewöhnliche – rein christliche Inschrift entschlüsselt werden.

Wilder Mann, Urnen und Schlitzgruben · 8

Beim Aufräumen im Bauhof Kipfenberg kam eine interessante Ofenkachel aus dem 16. Jh. zum Vorschein, die vermutlich aus einem Wirtshaus stammt. Darauf ist ein »wilder Mann« dargestellt, der einen ausgerissenen Baum schwingt, umgeben von einem Lorbeerblattkranz. Neue Grabungen haben in Kriegenbrunn an der Regnitz einen urnenfelderzeitlichen Friedhof aufgedeckt und in Tiefenbach-Ast im Lkr. Landshut eine Zentralsiedlung der mittleren Jungsteinzeit mit Schlitzgruben, deren Funktion unbekannt ist, sowie überraschend eine frühmittelalterliche Siedlung mit Gräbern, das im 9. Jh. erstmals genannte »Ôuuista« (Ast).

Aufstand ohne Glück: der Bauernkrieg 1525 · 50

Im Jubiläumsjahr 2025 erinnern zahlreiche Ausstellungen und neue Publikationen an die Ereignisse im Deutschen Bauernkrieg vor 500 Jahren. Einer der wichtigsten Orte des Bauernkriegs ist Memmingen. Hier trafen sich im März 1525 Vertreter der oberschwäbischen Bauernhaufen in der Kramerzunftstube, wo die Bundesordnung der »Christlichen Vereinigung« beschlossen wurde. Im selben Zeitraum entstanden die »Zwölf Artikel«, welche mit ihren Forderungen nach Freiheit und Menschenrechten – tausendfach gedruckt – weit ausstrahlen sollten. Bald darauf wurden die Bauernaufstände blutig niedergeschlagen.

Inhalt Heft 2 / 2025

Impressum

Herausgeber und Redaktion

Roland Gschlößl (rg)
Uferstraße 19
84048 Mainburg
Telefon (08751) 875 93 89

redaktion@bayerische-archaeologie.de
www.bayerische-archaeologie.de

Verlag
Verlag Friedrich Pustet
Gutenbergstraße 8
93051 Regensburg
Telefon (0941) 92022-0
Telefax (0941) 92022-330

verlag@pustet.de
www.verlag-pustet.de

Anzeigenverwaltung
Verlag Friedrich Pustet
Marina Werkmeister
Telefon (0941) 92022-319
werbung@pustet.de

**Vertrieb &
Abonnentenverwaltung**
Verlag Friedrich Pustet
Telefon (0941) 92022-321
bestellung@pustet.de

Druck
Friedrich Pustet GmbH & Co. KG,
Regensburg

**Bezugspreise &
Erscheinungsweise**
Einzelheft € 9,90 zzgl. Porto
eBook (pdf) € 7,99
Jahresabonnement mit 4 Heften € 32,–
inklusive Porto. Bei Lieferung in das
Ausland werden die anfallenden Porto-
kosten zusätzlich berechnet.
Digitalabo (pdf) € 26,–
unter *digibib.verlag-pustet.de*
Kündigungen sind bis 6 Wochen vor
Ende des Bezugszeitraums möglich.

BAYERISCHE ARCHÄOLOGIE erscheint
viermal jährlich je Ende Februar, Mai,
August und November. Jeder Ausgabe
sind die Mitgliederinformationen der
*Gesellschaft für Archäologie in
Bayern e. V.* beigeheftet.

ISSN 1869-5566
ISBN 978-3-7917-4033-1
eISBN 978-3-7917-7585-2
Titelbild: Ausschnitt aus dem Großen
Sandtnermodell von 1572/73 im Bayeri-
schen Nationalmuseum

Liebe Leserin, lieber Leser,

jede Stadt hat ihre eigenen Charakteristika. Im Unterschied zu den alten, auf römischer Grundlage entstandenen und komplex strukturierten Städten wie Regensburg zeichnen sich die altbayerischen Stadtgründungen des Hochmittelalters durch ein vermeintlich gleichförmiges Bild aus: lange Straßenmärkte als Zentrum, rechtwinklige Straßenzüge – eine Gleichförmigkeit, die auf den ersten Blick wie »auf dem Reißbrett« entstanden scheint. Doch während historische Nachrichten über die Stadtgründungen häufig nur sehr rudimentär vorliegen, kann die stadtarchäologische Forschung der letzten Jahrzehnte zunehmend unser Bild der hoch- und spätmittelalterlichen Stadtwerdung in Altbayern feiner zeichnen. Daraus ergibt sich, dass die Entwicklung in den Gründungsstädten sehr unterschiedlich verlaufen ist – mit schnellen oder langsameren Stadterweiterungen, Einbeziehung von Vorgängersiedlungen oder Bau »auf der grünen Wiese«. Wir schauen uns in dieser Ausgabe die so genannten Wittelsbacherstädte genauer an, wobei genau genommen manche Städte wie München schon vor Beginn der Herrschaft der Wittelsbacher als bayerische Herzöge im Jahr 1180 gegründet wurden. Wie entstanden Residenzstädte wie Landshut, Ingolstadt oder Straubing? Wie wirkte sich die plötzliche herrschaftliche Bedeutungslosigkeit Kelheims nach dem Mord an Herzog Ludwig dem Kelheimer 1231 auf die Stadtentwicklung aus? Oder was lässt sich über eine Stadt wie Schongau sagen, welche an anderer Stelle als die Vorgängersiedlung ganz neu gegründet wurde?

Für einen sensationellen Fund wollen wir ein bisschen über die bayerische Landesgrenze hinausblicken, aber nicht allzu weit, denn Frankfurt liegt von der nordwestlichen Ecke Bayerns bei Kahl am Main ja kaum 25 km entfernt. In einem Gräberfeld der antiken Stadt *Nida* in Frankfurt-Praunheim wurde ein Mann zwischen 230 und 260 n. Chr. mit silberner Amulettkapsel am Hals bestattet. In dieser befand sich eine Silberfolie mit rein christlicher Inschrift, die sogenannte »Frankfurter Silberinschrift«. Sie ist das früheste Zeugnis des Christentums nördlich der Alpen – rund 50 Jahre älter als bisher bekannte christliche Funde.

Das Jubiläumsjahr »500 Jahre Bauernkrieg« wird mit zahlreichen Ausstellungen und neuen Buchpublikationen gewürdigt, von denen wir eine Auswahl vorstellen möchten. Bedeutende Schauplätze des Bauernkriegs, wie die Formulierung der wirkmächtigen Zwölf Artikel in Memmingen, spielten sich ja auf bayerischem Boden – insbesondere in Schwaben und Franken – ab.

Blicken wir nun den hochmittelalterlichen Stadtgründern über die Schulter!

Ihr Herausgeber
Roland Gschlößl